高齢化社会日本の家族と介護
――地域性からの接近――

清水浩昭 著

時潮社

まえがき

　本書は、1992年に時潮社から刊行した『高齢化社会と家族構造の地域性――人口変動と文化伝統――』の続編である。当時の家族研究の動向を顧みると、家族社会学の分野においては「変質論」（直系家族制から夫婦家族制へ）が支配的な地位を占めていた。したがって、社会人類学者が提示した「異質論」（直系家族制と夫婦家族制の共存）は、無視ないし軽視されてきた。しかし、「変質論」を仔細に検討すると、この理論は、立論の根拠が十分に示されていなかった。にもかかわらず、この理論が支配的な位置を占めてきたのは、家族研究者がその理論を何の疑いもなく「信仰」してきたことに起因している。つまり、提示された理論は、どのような学問的な手続きを経て形成されたのかを吟味してこなかった。

　ところが、日本家族社会学会は、1998年から「全国家族調査」を実施することになった。この調査研究を通じて、新たなる研究成果が提示されてきた。その研究成果を挙げると、加藤彰彦『家族変動の社会学的研究―現代日本家族の持続と変容―』(2003)、渡辺秀樹・稲葉昭英・嶋﨑尚子編『現代家族の構造と変容―全国家族調査［NFRJ98］による計量分析―』(2004)、施利平『戦後日本の親族関係―核家族化と双系化の検証―』(2012)になる。これらの研究は、実証的な資料に基づいて提示されたものであり、極めて説得的である。

　さらに、この時期の研究成果として、忘れてはならないのは、ヨーロッパ社会で発展してきた家族人口学、歴史人口学の紹介とこの領域に関する研究が日本でも展開されてきたことである。この分野の研究をみると、ヨーロッパ社会でも「産業化が夫婦家族制」をもたらしたとは言えないとしているし、日本における研究成果をみても、江戸期の家族は、多様な形態

が存在していたことが明らかになってきた。こうした研究成果をみると、「変質論」は、「市民権」を失いつつあるように思われる。

　私は、このような最近の研究動向を踏まえて、前著で果たせなかった高齢化と高齢者の扶養形態との対応関係を解明する課題に挑戦した。これが、本書である。そこで書名も『高齢化社会日本の家族と介護──地域性からの接近──』とした。

　想えば、この刊行を決意したのは、日本家族社会学会で「変質論」的家族論批判を行った加藤彰彦氏（2003年）と施利平氏（2006年）の報告に刺激されたからである。あれから、ほぼ10年の歳月が流れてしまった。

　あれこれ模索していたが、なかなか方向性が定まらず、迷走する日々が続いていたが、国立社会保障・人口問題研究所が2012年に「高齢者の居住状態の将来推計」を発表した。これは、高齢者家族の動向を都道府県別に、かつ2030年までの状況を推計したものである。国立社会保障・人口問題研究所の鈴木透部長から送られてきたこの推計を検討するなかで、これは本書の課題追究に最適な資料になり得るとの確信が持てるようになってきた。このことが、本書刊行に踏み切る契機になった。

　この間、時潮社社長の相良景行氏は、筆の進まない私をじっと待ってくださった。このことをお詫びするとともに、心から感謝の意を表する次第である。

　2013年8月

清水　浩昭

目　次

まえがき ……………………………………………………………………… 3

序　章　課題と方法 …………………………………………………………… 9
1．課題の設定とその背景 ……………………………………………………… 9
　1－1　高齢化社会をめぐる問題状況　9
　1－2　先行研究の状況―研究の到達点　11
　　1－2－1　高齢化社会論　12
　　1－2－2　家族論―収斂論　12
　　1－2－3　家族論―拡散論　13
　　1－2－4　介護論　13
2．課題に地域性から接近する意義 …………………………………………… 14
　2－1　地域性の定義　14
　2－2　地域性研究概史　15
　2－3　研究の意義　16
3．解明すべき課題 ……………………………………………………………… 17
4．分析資料 ……………………………………………………………………… 19
5．本書の構成 …………………………………………………………………… 20

第1章　高齢化社会論 ………………………………………………………… 37
1．人口高齢化と高齢化の人口学 ……………………………………………… 37
2．高齢化社会と高齢社会―区分する意義 …………………………………… 39
3．人口構造に関する研究 ……………………………………………………… 40
　3－1　高齢者問題発生の社会経済的背景　41
　3－2　個体としての高齢者問題　42
　3－3　高齢化戦略―逆三角形の論理からの提言　43
4．人口移動と人口構造および自然動態 ……………………………………… 45
　4－1　人口学における人口移動研究の位置　45

4−2　人口移動の機能　50
　　4−3　人口移動と出生力との関係　50
　　4−4　人口移動パターンの転換―近代化・移動転換　51
　　4−5　人口移動と年齢　53
　　4−6　人口移動、人口高齢化と自然動態との連関―地域人口変動の分析枠組　56

第2章　日本家族論 …………………………………………71
1．家族構成と家族構造 …………………………………………71
2．日本家族論の成果と課題 ……………………………………74
　　2−1　「同質論」Ⅰ　76
　　　2−1−1　黒田俊夫の見解　76
　　2−2　「同質論」Ⅱ　77
　　　2−2−1　中根千枝の見解　77
　　　2−2−2　有賀喜左衛門の見解　77
　　　2−2−3　原田尚の見解　78
　　2−3　「異質論」　79
　　　2−3−1　関敬吾の見解　79
　　　2−3−2　岡正雄の見解　79
　　　2−3−3　大間知篤三の見解　81
　　　2−3−4　蒲生正男の見解　82
　　　2−3−5　武井正臣の見解　83
　　　2−3−6　内藤完爾の見解　84
　　　2−3−7　光吉利之の見解　85
　　　2−3−8　土田英雄の見解　86
　　　2−3−9　宮本常一の見解　86
　　　2−3−10　大友篤の見解　87
　　　2−3−11　岡崎陽一の見解　87
　　　2−3−12　上野和男の見解　88
　　　2−3−13　宇佐美繁の見解　89
　　　2−3−14　竹田旦の見解　90
　　　2−3−15　速水融の見解　91
　　2−4　「変質論」Ⅰ　92
　　　2−4−1　戸田貞三の見解　92
　　　2−4−2　鈴木栄太郎の見解　93

2－4－3　喜多野清一の見解　94
　　　2－4－4　小山隆の見解　95
　　　2－4－5　森岡清美の見解　95
　2－5　「変質論」Ⅱ　98
　　　2－5－1　江守五夫の見解　98
　2－6　「異質論」に対する批判　99
　　　2－6－1　光吉利之の見解　99
　　　2－6－2　平岡公一の見解　100
　　　2－6－3　岩本通弥の見解　101
　　　2－6－4　政岡伸洋の見解　102
　　　2－6－5　八木透の見解　103
　　　2－6－6　原尻英樹の見解　104
　2－7　「異質論」に対する評価　106
　　　2－7－1　斉藤修の見解　106
　　　2－7－2　田淵六郎・中里英樹の見解　107
　　　2－7－3　佐藤秀紀・中嶋和夫の見解　107
　　　2－7－4　太鼓地武の見解　108

第3章　介護論 …………………………………………123
　1．介護政策 ……………………………………………123
　　1－1　介護保険法の成立　123
　　1－2　介護保険法の改正　126
　　1－3　介護保険制度の課題　132
　　1－4　介護保険制度への提言　133
　2．居住形態論 …………………………………………135
　　2－1　居住形態概念の多様性　136
　3．居住形態と老親扶養 ………………………………139
　　3－1　那須宗一の見解　139
　　3－2　湯沢雍彦の見解　141
　　3－3　岡村益の見解　144
　　3－4　森岡清美の見解　145
　　3－5　山井和則の見解　148
　4．介護・援助の互酬性 ………………………………150

第4章　高齢化社会における家族と介護 …………………159
　1．高齢化の一般的動向 …………………………………159
　　1－1　都道府県からみた高齢化の動向　161
　2．家族の一般的動向　164
　　2－1　高齢者家族の現状と将来　167
　3．家族構造の地域性 ……………………………………170
　　3－1　ケースⅠからたみた高齢者家族の現状と将来　170
　　3－2　ケースⅡからたみた高齢者家族の現状と将来　180
　4．家族構造の地域性と介護 ……………………………187
　　4－1　山形県の事例分析　188
　　4－2　鹿児島県の事例分析　192

終　章　現状と将来 …………………………………………211

あとがき　研究生活を支えてきたもの ……………………217

索　引 …………………………………………………………223

序　章　課題と方法

　序章では、課題設定の意味とその背景を先行研究との関連、課題への接近方法、研究の意義、解明すべき課題、分析資料、本書の構成について述べることを通じて、本書の全体像を示した。

1．課題の設定とその背景

　ここでは、まず、高齢化社会をめぐる問題状況と高齢化社会論、家族論、家族と介護をめぐる先行研究を概観し、つぎに、課題設定とその背景について議論する。

1-1　高齢化社会をめぐる問題状況

　人口高齢化の進展は、どのような高齢化問題を生ずるのであろうか。三浦文夫によれば、1960年代までの高齢者問題（高齢化問題）は「貧困苦」「病気苦」「孤独苦」であったが、1960年代半ばから「人生70年時代」になり、この「三悪」に「無為苦」が加わり、「四悪」になったと言う。「無為」とは人生70年時代に入ってから仕事を引退し、長い老後期間のなかでやることがなくなった状態のこととしている。

　さらに、1980年代には「人生80年時代」になり、これまでの「四悪」に「耄苦」が加わり「五悪」になった。この「耄」とは、寿命が長くなると、身体が衰えたり、「耄碌」する人がふえることを意味している（三浦、1988：122-123）。

　このように「人生80年型社会」の到来は、「五悪」を抱えた高齢者をどこで、いかに扶養（介護）するかが課題となってくる。この三浦の指摘は、

多くの国民が感じている高齢化問題と一致している。それは、国民の多くが挙げている高齢化問題は、保健・医療・福祉、経済、社会に関するものとなっているからである（図序－1）。

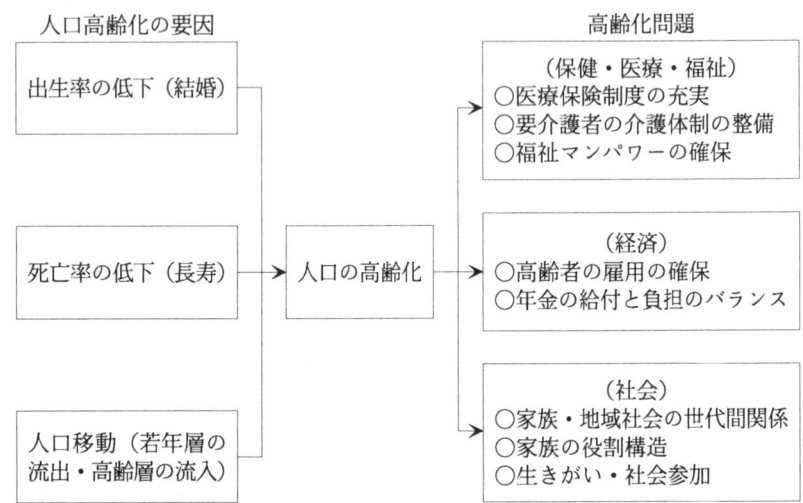

図序－1　高齢化問題の構造

（注）ここでの高齢化問題は、「長寿社会に関する世論調査」（総理府）結果に基づいて作成した。
（出典）清水浩昭編著、1998、『日本人口論　高齢化と人口問題』財団法人放送大学教育振興会、40頁。

　本書では、このような高齢化問題のうち保健・医療・福祉と社会に関わる問題を中心にしながら、高齢化社会における家族と介護に関する課題を地域性の視点から接近することにした。というのは、家族と介護をめぐる問題は、21世紀における重要な課題の一つとされており、その背景には、長寿化の進展による高齢者の増大とこの高齢者を介護する家族介護力の低下があるとされているからである。

　それでは、この課題を地域性から接近する意図は、どこに存するのか。佐々木信夫によれば、「自治体は、これまでの霞ヶ関に責任をもつ行政か

ら、住民に責任をもつ行政に変わらなければならない。中央集権下での『他者決定・他者責任・他者負担』が原則であるかのような地方行政の論理は終わった。これからは『自己決定・自己責任・自己負担』を原則とする地方『自治』の論理が作動する。『執行あって経営なし』『行政あって政治なし』と言われた戦後地方自治の大きな転換点である」(佐々木、2006：19)とし、さらに、「日本は2005年から人口減に転じた。20世紀の人口増時代が終わり、21世紀は人口減時代だ。これから少子化対策を本格化しても、このトレンドは半世紀以上続こう。とするなら、これまでの『人口増』前提のあらゆるシステムを『人口減』を前提のシステムにパラダイム転換することだ。国もそうだが、地方自治体もあらゆる政策分野、あらゆる行財政システムについて、人口減を前提に制度やしくみを変えなければならない」(佐々木、2006：19-20)と論じているし、この佐々木の指摘は、「高齢者保健福祉推進十か年戦略」(いわゆるゴールドプラン)の理念にも適っている[2]。

　これが、地域性の視点から分析することを企図した理由の一つである(このことについては、後述する)。

1-2　先行研究の状況─研究の到達点

　本書の課題は、人口学、老年社会学、家族社会学、社会人類学、民俗学等々の研究成果を統合化しないと解明できない。それでは、何故、そのような困難な課題に立ち向かうことが必要なのか。それは、この課題を解明することが、柳田國男のいう「国民総体の幸福」[3](柳田、1970：14-15)につながると考えたからである。

　それでは、この課題に関して、どのような研究が展開されてきたのであろうか。それぞれの学問領域における研究の到達点を概観すると、つぎのようになる。

1－2－1　高齢化社会論

　人口高齢化の研究は、1950年代から人口学を中心にして進められてきた。この領域は、厚生省人口問題研究所（現在の国立社会保障・人口問題研究所）の舘稔、黒田俊夫らによって研究が展開されてきたが、その研究の一端を示すと、人口高齢化の経験法則、人口高齢化の国際比較、人口高齢化の社会的影響といった領域が中心であった。したがって、人口高齢化の地域間格差については、必ずしも十分な注意を払ってこなかった。しかし、黒田は、1960年代に生じた都市と農村の間に存在する人口高齢化の地域格差に着目し、この地域格差が農村から都市への若年層を中心にした人口流出によって生じたことを明らかにした。さらに、黒田は、人口高齢化と人口移動および自然動態との関連についての研究も展開し、この三つの人口学的条件間に存在する相互連関に関する知見も提示した（後述する「地域人口変動の模式図」）。この研究成果が、ここでの課題解明の始点になった。

1－2－2　家族論―収斂論

　家族社会学は、家族変動に関する研究を重要な一領域として研究してきた。多くの家族社会学者は、日本の家族が「直系家族制から夫婦家族制へ」と構造的な変動を遂げたとしてきた。こうした研究は、「変質論」的家族論（「収斂論」＝発展段階論的家族論）とされているが、このような研究は、アメリカ社会学の影響を受けた小山隆、森岡清美を中心にして展開されてきた。しかし、その立論の論拠となった資料および資料の扱い方に問題があるとの批判がなされている。これは、日本家族社会学会が実施した「全国家族調査」に従事した若い研究者によってなされてきたことに着目しておきたい。何故なら、彼らの批判は、調査資料、つまり立論の根拠に基づいており、「根拠のない理論」の呪縛から解き放されているからである。さしあたって、ここでは、この点だけを指摘しておきたい。

1−2−3　家族論—拡散論

　家族社会学の「収斂論」に対して、民俗学、社会人類学、法社会学、家族社会学の一部、人口学、農業経済学、歴史人口学の分野では、「異質論」的家族論（「拡散論」＝類型論的家族論）を展開してきた。彼らの研究によれば、日本には、直系家族制と夫婦家族制が共存するとしている。このことについて若干の説明を加えると、日本には「東北型家族（直系家族制）」と「西南型家族（夫婦制家族）」が地域を異にして存在しているとの考え方である。この研究は、日本農村の実証研究を通じて関敬吾、大間知篤三、竹田旦、蒲生正男、武井正臣、光吉利之、岡崎陽一、大友篤、速水融らによって展開されてきたが、「国勢調査」、日本家族社会学会の「全国家族調査」を用いた分析でも、この考え方が妥当することが明らかになってきた。

　しかし、最近、民俗学の分野で岩本通弥、政岡伸洋、八木透が、こうした研究は「現実性がない」との批判を提示しているが、社会福祉学の分野では、介護支援システムに地域性が存在していることを明らかにするとともに、この地域性は家族構造の差異と深く関わって現出しているとの見解が提示されている。さらに、高齢者医療費に「西高東低」といった地域性が存在しているとの研究もある。このような研究成果を総合すると、私は、地域性研究が現代社会の課題解明に寄与しないという「論拠のない見解」に疑問を感じている。

1−2−4　介護論

　ここでは、介護保険制度を概観した。このことを念頭におきながら、老年社会学の分野で居住形態と老親扶養についての研究を展開してきた那須宗一、湯沢雍彦、岡村益、森岡清美らの研究成果を概観した。那須は、1960年代に居住形態と高齢者の位座という視点から同居形態、別居形態および第三の居住形態（近居・隣居）と老親扶養形態（経済的扶養、情緒的扶養、身辺介護）との関連を追究してきた（那須、1962：161−2003）が、森岡清美は、1980年代に居住形態と老親扶養との関連を模式化した（森岡、1983：145）。

この模式図は、本書の研究に大きな影響を与えた。また、岡村の隠居制家族と老親扶養の研究は、「夫婦家族制」(「西南型家族」)地域における家族と介護の問題を考える上で、参考にすべき研究成果である。

さらに、山井和則は、1990年代に家族内介護から社会的介護への転換という視点から「三角形援助論」を展開している。これは、身辺介護の問題を家族変動との関わりで議論したものである（山井、1991：210）が、この「三角形援助論」も本書の課題である家族と介護の関連を考える上で、刺激を受けた論考である。

2．課題に地域性から接近する意義

上述した課題の設定とその背景を踏まえて、つぎに、地域性の定義、地域性に関する研究概史を述べ、このことを通じて、家族構造から地域性に接近する意義について議論することにしたい。

2－1　地域性の定義

蒲生正男は地域性について、「各種の形態規準に就いて、日本社会の中に量又は質の差異が存在するということであるが、更に各形態規準に就いて特定の分布領域が存在するという事であり、尚も究極的にはいくつもの形態規準に就いての有機的な統合の態様である。斯うした地域性の問題は、単なる空間的な問題に留まって時間的な展開就中発展段階的な層化に関連しないならば、その意義は多分に減殺されると言えようが、それには方法論的にも又資料的にも尚解決すべき問題があるので、こゝでは空間的な差異の理解に限定したい」（蒲生、1956：13）と述べている。ヨーゼフ・クライナーは「『地域性』とは、さまざまな地域ごとの個性、地域らしさ、多様なあり方を表す言葉として用いる」（クライナー、1996：3）としている。

ここでは、これらの概念規定を踏まえて、地域性を日本社会に存在する社会構造（とりわけ家族構造）の質的差異としておきたい[4]。なお、ここでの

地域とは、資料の制約上、都道府県を単位とした。

2－2　地域性研究概史

　それでは、このような地域性論は、どのように展開されてきたのであろうか。大林太良によれば、「日本における社会の諸類型は、1940年代から1960年代にかけてさまざまな学問の研究者が研究をすすめてきたテーマである。(中略) 研究は、それぞれ別の学問が進めた三つの方向に大別できよう。一つは社会学者福武直が代表する村落類型論であり、第二は民俗学者大間知篤三が代表する家族、婚姻類型論であり、第三は民族学者岡正雄が仮説的に提示した古日本の諸文化複合を出発点とする方向であった。出発点と研究方向の相違にもかかわらず、これら三者に共通していたのは、日本において二つの地域的社会類型、つまり東北日本型と西南日本型を想定したことであった。全体としてみれば、第三の方向が最も影響力が強く、今日まで研究が発展してきているといってよい。たとえば社会人類学者蒲生正男と江守五夫や民俗学者宮本常一は岡の着想と刺激を受け止めて、独自の研究を展開していった。これらの先駆者の仮説に劣らず重要なことは、泉靖一が組織的な資料収集の『日本文化の地域性』プロジェクトを実施したことである。(中略) 80年代以降の動きは、ことに二つの傾向によって特徴づけられる。一つは学際的研究であり (大林、1991)、もう一つは歴史的考察法である (網野、1982、江守、1986、1990)」(大林、1996：14) としている。

　この大林の整理に、1990年代以降の研究動向をつけ加えると、地域性研究は、日本家族社会学会が1998年と2003年に実施した「全国家族調査」に基づく研究成果の刊行 (渡辺・稲葉・嶋﨑、2004、藤見・西野、2009)、歴史人口学的研究 (速水、2009) や地理学的研究 (荒井・川口・井上編、2002、石川・井上・田原編、2011) へと発展している[5]。

　これらの研究動向をみると、地域性研究は、研究の深化と研究領域の拡大と要約することができよう[6]。

2-3 研究の意義

　さらに、本書の課題を地域性の視点から研究する意義について述べておきたい。中根千枝によれば、「国という大きな社会の単位からみれば、家族はその反対の極にある最小の集団としての単位である。しかし、最小ではあるものの、家族は第一義的集団であり、どの社会にも共通に存在する基本的な単位である。また、家族は人々が生まれてはじめて人間関係のあり方を学ぶ場であり、家族のあり方自体にその社会の人々の価値観、集団の基本的な性格がみられる。その意味で、家族はその社会における集団の性格、人間関係のあり方に重要な示唆を与えるもので、社会構造の比較にとっては、必須の考察の対象である」(中根、1981：12) としている。つまり、家族は、社会の「縮図」であると同時に、社会をみるための「拡大鏡」の役割を果たしていることになる。したがって、ある社会の家族構造は、その社会が何を人間関係において尊重・優先しているかを指し示していることになる。このことが、地域性研究において、家族構造に焦点をあてた理由である。

　さらに、高齢化社会日本の家族と介護を地域性の視点から解明する研究は、ほとんどなされていない。これも、本研究の意義であると考えている。

　しからば、このような課題に挑戦する意義は、一体どこに存するのか。高齢化社会の到来は、増大する高齢者を誰が、どこで介護するかということが喫緊の課題となっているが、日本の高齢者の介護は、家族が支援するシステムが支配的である。とすれば、家族がどのような構造を有しているかによって介護支援システム[7]は、異なることが想定される。ところが、この家族構造に関する研究成果をみると、二つの見解が存在している。

　そこで、本書では、まず、現代日本の家族が「収斂論」で解き明かすことができるのか、それとも「拡散論」で説明できるかを明らかにし、しかるのちに介護支援システムの方途を提示することにした。というのは、家族構造と介護支援システムとは、適合的に連関していると言われているか

らである。さらに、そのことが、それぞれの地域に根ざした高齢者介護への途を切り開くことになると考えたからである。

本書では、このように従来の「収斂論」を大前提にして課題に接近することに異議を唱え、「拡散論」のもつ有効性を実証的に明らかにすることを通じて高齢者の介護支援システムの構築も目指すところに研究の意義がある。

3．解明すべき課題

以上、高齢化社会における家族と介護の問題を研究する意義について言及してきた。このことを踏まえて、本書で解明すべき二つの課題について述べておきたい。

第1は、「収斂論」的家族論と「拡散論」的家族論の何れが妥当性を有するのかを解明することであり、第2は、その理論的妥当性を踏まえて、それに相応しい介護支援システムの構築を提示することである。

これは、つぎのいずれが妥当するかを検証する作業であると言うことができよう（図序－2、図序－3）。

このことについて、若干の説明を付け加えると、後述するように、ここでの家族構造論は、光吉利之の類型論に依拠している。光吉論に依拠して日本の家族構造を考えると、収斂論によれば、直系家族制社会での介護支援システム（同居者介護＝同居している配偶者や子どもとその妻等）から夫婦家族制社会の介護支援システム（別居者介護＝単独世帯で生活し続ける場合は、別居している子どもとその妻等が介護の主たる担い手になるが、単独世帯での生活を維持・存続できなくなると施設に入所することになる。その場合は、施設介護となる）に移行（構造的な変化を遂げる）することになる（図序－2）。

ところが、直系家族制社会と夫婦家族制が共存する場合は、二つの介護支援システムが共存することになる（図序－3）。

したがって、本書で解明すべき課題は、日本社会の家族と介護システム

が将来、変化するか、それとも、二つの類型が維持・存続するかを明らかにすることにある。[8]

図序-2　家族構造と介護支援システム（収斂論）

直系家族制社会		夫婦家族制社会
直系家族制規範の規定力が強く二世同居の拡大家族形態をとるタイプ	移行 →	夫婦家族制規範の規定力が強く独立核家族形態をとるタイプ
相互規定↓↑		相互規定↓↑
介護支援システム（同居者中心介護）		介護支援システム（別居者中心介護＋施設介護）

図序-3　家族構造と介護支援システム（拡散論）

直系家族制社会

直系家族制規範の規定力が強く二世同居の拡大家族形態をとるタイプ

相互規定↓↑

介護支援システム（同居者中心介護）

共　存

夫婦家族制社会

夫婦家族制規範の規定力が強く独立核家族形態をとるタイプ

相互規定↓↑

介護支援システム（別居者中心介護＋施設介護）

序　章　課題と方法

4．分析資料

　ここで用いた分析資料は、文献資料（論考）と調査資料とになる。文献資料は、ここでの課題に関わる研究者の論考であるが、これを学問分野でみると、人口学、歴史人口学、老年社会学、家族社会学、社会人類学（文化人類学）、民俗学、法社会学、社会福祉学、歴史人口学、農業経済学、地理学等々多岐に渡っている。それは、課題に関わる研究成果をできるだけ紹介しておきたいと考えたからである。

　調査資料は、総務省「国勢調査」、厚生労働省「人口動態統計」、国立社会保障・人口問題研究所「日本人口の将来推計」「日本の世帯数の将来推計」「高齢者の居住状態の将来推計」、内閣府「介護保険制度に関する世論調査」、山形県「平成22年度新世紀やまがた課題調査」、鹿児島県「高齢者実態調査」等々である。

　また、文献資料については、著者の論考を引用し、著者の論旨を忠実に紹介する形式をとった。これは、文献資料もここでの課題解明の論拠となることを目指したからである。調査資料は、省庁・研究機関・地方自治体が実施したものに限定し、私が実施した調査資料を用いないことを原則とした。

　このようにしたのは、これまでの研究をみると、徹底的かつ網羅的に先行研究を紹介することの欠如と自己の理論に適合的な分析資料を用いた研究が少なからず存在していたからである。とくに、先行研究における整理をみると、多くの研究者は、先行研究で扱うべき研究者の研究成果（言説）を時間軸で考察する努力を怠ってきた。このような研究者の怠慢が、研究者の「反省なき理論的変説」を見逃してきた。換言すれば「信仰」してきたのである。ここで、このようなことを言うのは、社会科学は「条件の科学である」（時間と空間に規定された科学）。とすれば、時間の変化の中で「新たなる理論」が形成されるのは、当然のことである。ところが「反省なき

理論的変説」を行ってきた研究者は、修正した理論に説明を加えていないし、後学の研究者も、このことに気づいていない。それは、彼らも「研究者としての眼力」が欠如しているからであろう（清水、2008：43-53）。

ここでは、このような「轍」を踏まないために（「自戒の念」をこめて）、文献資料と調査資料の生かし方に特別な配慮をした。このことをご理解いただきたい。

5．本書の構成

本書は、高齢化社会日本の家族と介護の課題に地域性の視点から接近したものである。そこで、序章では、第1章から第3章で展開している先行研究の要約を紹介することを通じて、課題設定とその背景を記述した。このことを踏まえて、課題への接近方法、解明すべき課題、課題解明に用いた資料等についての説明を行った。第1章の高齢化社会論では、黒田俊夫の研究を紹介し、これまでの高齢化社会論に関する研究成果を整理した。第2章の日本家族論は、これまでの家族社会学、社会人類学、民俗学等を中心にして展開されてきた家族構造論の研究成果と課題を紹介した。第3章の介護論では、介護保険制度の成立から今日までの動向を概観するとともに、老年社会学を中心にして研究されてきた居住形態と老親扶養に関する研究成果を取り纏めた。第4章の高齢化社会における家族と介護は、家族と介護の現状と将来動向を「国勢調査」「高齢者の居住状態の将来推計」、山形県と鹿児島県が実施した調査資料を用いた分析結果を示し、終章では、序章で述べた解明すべき課題と第4章の分析結果を踏まえて結論と残された課題について論じた。

注

（１）一国の人口高齢化は、出生と死亡の動向によって規定される。しかし、都道府県・市区町村の人口高齢化は、若年層（産める人口）が流出すると出生率を低下させ人口高齢化を進展させることになるし、高齢者人口の流入は、人口高齢化を進展させることになる。この図に人口高齢化の進展要因として人口移動を挙げたのは、このためである。

（２）これは、国民が安心して老後を過ごすことができるようにするため、高齢者の希望を踏まえ、介護が必要になっても、住み慣れた地域や家庭で暮らし続けるようにするとともに、在宅での生活が不可能となった場合は、適切な施設に入所できるようにすることが必要である。このため、高齢者が必要な時に適切な在宅、施設のサービスを受けることができるよう、まず、これらのサービスを大幅に拡充することが必要である、との趣旨で策定されたものである。この「ゴールドプラン」で注目すべきことは、基礎自治体が中核になって計画を策定するとともに、その推進にあたることになった点である。これは、これまでの「霞が関中心の福祉」から「地域に根ざした福祉」へと大きな転換を遂げたことを意味している。

（３）柳田は、「學問を職業にし、それで衣食の資を稼ごうと企つればこそ賤しかろうが、弘く世の中の為に、殊に同胞国民の幸福の為に、又彼らを賢く且つ正しくする為に、學問を働かすということがどこが賤しい。寧ろさうしたくても出来ないやうな者こそ、気が咎めてよいのである。殊に史學などは醫者の學問も同じで、もともと世の中を健やかに痛みを無くする為に、始められたものである。…民俗學の如きは新たに始まった研究である。先ず率先してさういうまちがった考え方を改めるべきだと私は思ってゐる」（柳田國男、1970、『定本柳田國男集』第31巻、筑摩書房、14-15）と述べている。

（４）新睦人によれば、「『類型』（type）を設定するという作業は、《ある対象の質的な特徴に着目して、明示されやすく実効性のある体系だった基準にもとづき、その対象またはその対象に属するいくつかの事象のそれぞれの特徴から主要な特徴を選びとることによって、それらの主な質的な特徴を組み合わせたり組み立てることによって得られた構成物に、対象または対象群それぞれのパターンに応じた論議領域を与える》ことである」（新、2004：236）とし、「一般的に言うと、有効な類型を設定しようとすれば、定量分析との関わり方について何らかの指針や判断を含んでいることが望ましい

ことはいうまでもない」(新、2004：238)と述べている。
(5) ここでは、地域性研究概史に留めたが、この問題は、社会科学のなかで展開されてきた類型論と発展段階論との関わりで議論されてきたものである。

　そこで、まず、村落類型論のレベルで類型論と発展段階論について展開されてきた経過とその帰結について紹介することにしたい。

　蓮見音彦は、住谷一彦と蒲生正男の親族組織研究について、つぎのように述べている。

　「住谷の類型は、蒲生のこの類型を念頭において構想されたものではあるが、両者には少なからず差異がある」(蓮見、1974：221)。それは、住谷が「類型を『種族＝民族文化系統の差異』に結びつけ『特殊個性体的な色合いをもつ発生的連関として』まとめているのに対して、蒲生は『地域性が単なる分布の問題としてとどまるならば格別の意義は持ちえない。地域的差異を時間の先後関係として歴史的展開の中での位置づけが不可欠の課題である』とみている。家連合とのかかわりの中で村落を類型化してとらえるこころみは、この他にも少なくないが、それらは意味も、また析出された類型もそれぞれの個性を濃厚に示したものとなっていることが知られるのである」(蓮見、1974：221)。

　このことを踏まえて蓮見は、戦後の農村社会学が「『社会科学』としての確立」(蓮見、1974：223)を志向していたため「世界史的な発展段階の一般的様式の適用のもとに日本農村の位置づけとその変革の方向づけを行うことを企図」(蓮見、1974：223)していた。そのため「日本農村における個性よりも、通文化的な共通性への着目が強調」(蓮見、1974：223)された。その結果、「『社会科学』としてのある程度の確立を果たしえた」(蓮見、1974：223)というメリットの反面「二つの弱点をのこすこととなった。その第1は歴史的発展段階論的把握を一元的に強調することによって、わが国の各地にみられる地域的な差異を無視して大雑把な一般論の中にすべてを解消してしまうことになったということである。そして第2は、日本のその通文化的な段階規定を明確にすることが強調されて、日本の個性的特質も、段階論的なレベルにおいてとらえられているかぎりで問題にされたにとどまった」(蓮見、1974：224)。「住谷の親族組織に焦点をすえて、歴史的発展段階の差に解消することのできない型の差異をとらようとする企図は、こうした研究の状況に対する一定の批判にねざすものであったといえ

よう。社会科学化への志向の中で注視されてきた共同体的土地所有に対して、共同体の諸形態を個性づけるところのもう一つの要因としての親族組織ないし、土地所有の主体としての共同組織については、比較的等閑視されてきたのであり、そこに注目することによって日本の村落共同体の特質をとらえる上での積極的な意義が考えられたからにほかならない。さらに、昭和40年代に入って、共同体論はかつての封建遺制の克服を問題にするという視角とは異なって、近代の超克とのかかわりの中で問題にされるようになる。その場合、日本の西欧とは異なる特質が注目されるという形で、世界史的な一般的な特質との共通性よりもむしろ、日本の民族文化的な個性やアジア社会に共通的にとらえられる特質があらためて注目されるにいたったのである。農村社会学の社会科学としての純化の過程で捨象されてきた日本的特質のそれとしての強調がここで再び見出されることになる」（蓮見、1974：224-225）。しかも、「蒲生や住谷の指摘するように、わが国の親族組織は一元的に構成されているものではなく、地域的差異を含んでいる。それが親族組織の基本形態の差異にかかわるものであるだけに相互に移行したことが考えにくいとすれば、親族団体との濃密なかかわりという基調をもちながら、その内部に分化を含んだ複合的な事態ととらえざるをえない。戦後の農村社会学の村落構造論が追求してきた村落構造の展開に関する歴史的・段階論的な把握は、かかる日本的個性とそれ自体の内にある類型とをふまえて展開されねばならないものであった」（蓮見、1974：226）と回顧している。

　この蓮見の村落類型論に対する見解は、社会科学的認識論との関係なしに展開されたものであろうか。小谷汪之は、「歴史における発展とはどのようなものであり、それはどのようにして認識されうるものなのだろうか。この問題については今までさまざまな仮説がだされてきたが、今日でもなお、もっとも説得力のあるものは唯物史観のそれであろう」（小谷、1985：57）とし、この歴史的認識方法は「しばしば、『唯物史観の公式』と称されてきたが、ここには二つの意味での歴史発展の法則性認識が示されている。上原専禄はそれを『運動法則』と『序列法則』とよんだ（『歴史学序説』62-63ページ）。『運動法則』とは歴史において変動＝発展をひき起こす原動力は何であり、それがどのようなメカニズムをとおして、社会や国家全体に変動を及ぼしていくか、という点についての法則的認識である」（小谷、1985：58-59）。「一方、『序列法則』とは、歴史における変動＝発展がどの

ような順序で起こってきたか、ということがわかる法則性認識であり（中略）。近代歴史学が歴史の時系列に沿った変化＝変容を発展＝進歩としてとらえようとするものであるかぎり、その発展を捉えるには、歴史をいくつかの発展段階に区分することが不可欠の手続きとなる。『序列法則』とはこの時代区分にかかわる法則性認識の問題である」（小谷、1985：60）と述べている。

　小谷は、このことを踏まえて「『唯物論の公式』には、二つの意味における歴史発展の方法が示されているのであるが、その理解のしかたには、それぞれについて、慎重に再検討しなければならない問題がある。それは、次の二つの問題である」（小谷、1985：60）とし、「（1）『序列法則』について。この『公式』における『アジア的…近代的ブルジョア的』という発展段階論＝時代区分論を、すべての民族の歴史に適用されるべき普遍的＝単系的な発展段階論、あるいはあらゆる社会の発展段階を測定する一本のモノサシ（普遍的尺度）のごときものとして理解してはならないのではないかという問題。（2）『運動法則』について。歴史における発展＝進歩とは、人間のつくりだす文化のあらゆる領域についていいうることなのか。例えば、芸術といった文化領域においても、時系列的な変化を発展＝進歩としてとらえることができるのか、という問題」（小谷、1985：60-61）であり、「まず、（1）については、公式における五段階発展論が「原始共産制―奴隷制―封建制―資本主義―社会主義という『五段階発展説』として定式化されることになった。この『五段階発展説』は1950年代なかばまで日本の歴史学においても『世界史の基本法則』として、すべての人類社会を貫く、普遍的＝単系的な発展段階説であるかのようにみられてきた。それが当時ある一定の積極的意味をもったことは事実である」（小谷、1985：61）。しかし「今日の段階にまで積み重ねられてきた、さまざまな異質な社会についての知識は、この『五段階発展説』を普遍的＝単系的な発展段階論として機械的に適用することが誤りであることを明らかにしたといってよいであろう。この『五段階発展説』に対する一つの反省として、歴史学の内部においては、多系列的発展説とでもいうべき考え方が提起された」（小谷、1985：62）。このような「歴史発展の法則性認識に対する批判ないし反省は、人類学の方から提出された。そこでは、一国史あるいは一民族史における内在的な縦の発展過程と同時に、併存する諸文化圏の相互交流・浸透という、いわば横の、同時代的関係が及ぼした影響を重視すべきことが主張さ

れた。石田英一郎は『発展段階は文化圏の差違によって、人類共通の普遍性を提示しないばかりでなく、世界史上の、あるいは民族史上の革命的な飛躍発展が、文化圏の接触混交から生まれたと解せられる場合は、…多いのである』(『文化人類学ノート』60ページ)」(小谷、1985：64) との問題提起が紹介されている。

「『唯物史観の公式』にかかわる第二の反省点は歴史における発展=進歩の概念についてである。すなわち、歴史の時系列にそった変化・変容を発展=進歩ととらえるとしたとき、発展=進歩は物質的、精神的等の人間のすべての生活領域についていいうるものなのか、という問題である」(小谷、1985：67)。小谷は、このことについて「結論的にいうならば、近代歴史学はたしかに歴史における時系列の変化・変容を発展=進歩とみなし、それを客観的・法則的に認識しうるものとするところにはじめて成立した。しかし、それは『経済・社会・婚姻・家族・財産・宗教などの個別的な文化領域についても、また全体としてみた文化についても、向上進歩の途をたどる共通普遍の発展系列』(石田前掲書、44ページ)があるなどということを前提としうるのではけっしてない。歴史のなかでは蓄積されていくものと同時に、破壊されるものもあるのが歴史発展の法則性である。そして、発展とか進歩というのは、歴史のなかにおいて蓄積されて行く文化領域についてのみいいうることなのである。たしかに、『社会的諸意識形態』あるいは『精神的生活過程』は『物質的生活の生産様式』に照応している。しかし、そのことは、それぞれの『物質的生活の生産様式』がそれに固有の『精神的生活過程』をもつということであって、『物質的生活の生産様式』が向上、発展すれば、それにつれて『精神的生活過程』もまた向上、発展するということを意味しているのではないのである。『唯物論の公式』は、このような観点から慎重な再検討を要請されている、ということができる」(小谷、1985：70-71) と結んでいる。

また、山口昌男は、「戦後日本の社会学が日常生活の表層的構成要素を断片化することによって、厳密科学の装いをまとうことに成功したために、かえって日常生活的現実を画一化することになったとすれば、『日本文化論』は誇張された日常生活的現実を時間、空間を超えた他の地域・時間の日常生活的現実と対比することによって、変化を与える、極端な言い方が許されるならば、『聖化』(sacralization) するという役割を果たしてきているように思います。(中略) 文化の考察とはそういった日常生活的現実とそれ

を規定するものとの弁証法的解明を常に含むのであろうと思います。それは別の言い方をすれば日常時間的現実と時間を超えた規定性との関係であるということになります。(中略)日本の人類学が解釈学（Hermeneutic）の契機を決定的に欠いた社会学より、たとえ西欧社会科学の概念的構成を欠いたにせよ柳田・折口学においてそのような指向性を示していた民俗学に親近性を有していたという事実は、学問的に健康なことであったのではないかと私には思われます。人類学の日本研究はそのような指向性を方法論的に明確にすることによって、日本文化を通しての『世界』理解に対する本質的な寄与をすべき時点に差しかかっているといえるのではないかと私には思われます」(山口、1970：433−434)と述べている。

　これは、小谷が展開している議論を補足する論考（発言）であると言えよう。

　ともあれ、ここで小谷の見解を援用しながら社会科学の認識方法について詳しい説明を加えてきたのは、地域性論のもつ社会科学的意義づけが、この分野について関心を持つ研究者にも十分認識されていないように思われるからである。私は、このようなこだわりを保持しながら地域性研究に従事してきた（清水、1986）。

　というのは、私は、社会科学の研究について、つぎのような考え方に依拠したいと思っているからである。「われわれは、まず、科学の要請にしたがって、社会的現実をその事実性にそくしてできるかぎり客観的かつ実証的に把握しなければならない。それとともに、社会的現実の科学的認識がわれわれ自身の実践の指針として有効なものになるよう努力すること、これがわれわれの社会学研究の究極の課題をなすものでなければならない」（家坂、1961：14）や友枝敏雄のいう「分析的なレベルにおける社会学の目標としては、次の3つが考えられる。①社会が抱えている問題を発見する。②社会の変化の趨勢を明らかにする。③社会をトータルにつかむ。規範的なレベルにおける社会学の目標は、以上の3つの目標に対応する形で考える。①社会が抱える問題を解決する。②将来社会の変化の趨勢を予測する。③将来の社会を構想し、デザインする」（友枝、2007：9）との見解に共鳴しているし、この家坂と友枝の見解は、柳田國男のいう「国民総体の幸福」と相通じるものがあると考えているからでもある。また、この考え方を徹底するためには、今日まで、何が解明されているのか、それは、どのような先行研究に裏打ちされて析出されたのか、この析出された研究成果を導き

の糸とし課題に接近するときに用いる資料は、課題解明に相応しい資料なのかを説明して分析を試みる方法を徹底したいと考えているからでもある。

　この考え方は、住谷一彦の「私たちは両先学が日本資本主義論争に触発されながら、そこで旧体制の基底と措定された農村の地主＝小作関係に対し徹底してそれに独自な社会関係を捉える有効な方法ないし視角として同族という範疇を構想するに至った苦渋に満ちた思索のプロセスをなにほど安易に飛び越えて、アメリカ社会学・文化人類学あるいはイギリスの社会人類学の方法ないし視角から日本の家族、そして同族の分析をおこなうかたちで両先学の問題視角を継承し得たと思いはしなかったであろうか」（住谷、1968：137）と述べるとともに、「『日本の家と家族』の問題は、いまでは戦前に比し農村人口が全体の19－22％にまで激減したことに象徴されるように、戦前と同じ比重でもって同族論の視角から接近することに批判的ないし懐疑的な傾向を日本の学界に生みだしているが、それではマードックをはじめとして主に英米の社会学・人類学界で形成され、戦後日本の学界に強く流入した核家族論の視角がそれに代わり得るかといえば、さきに述べたような問題状況が介在していて、必ずしも『日本の家と家族』の現状分析に有効な方法にまで至っていない。すなわち、それには、ただひたすらに分析のための概念装置を精緻化することに専心する前に、あらかじめこの両先学が有していたような広いパースペクティヴとそれに裏づけられた一定の鋭い価値看点の把持が何よりも強く要請されるのではなかろうか。およそそうした価値理念ないし思想に導かれずに何らか理念型を構成するなどそもそも不可能なことは、何よりもマックス・ヴェーバーその人が明言しているところだからである」（住谷、1968：137－138）の考え方に、私は多大な影響を受けているからである。

（6）大林太良は、「日本の伝統的社会組織の地域的相違の発生と維持にはさまざまな要因が働いている。まず第一に、生態学的要因がある。たとえば、暖かい南日本と寒い北日本との間や、多雪の日本海側と雪の少ない太平洋側との間には気候の相違があり、また西日本における照葉樹林帯と東日本における落葉広葉樹林帯という植生の相違もあり、それぞれが異なる経済活動の基礎になっていた。自然環境の要因にもまして重要なのは歴史的要因である。たとえば日本の民族形成とかかわる諸要因や、古代末期以来の武士が果たした役割などである。日本の文化諸領域は長い歴史の所産であり、かつそれは今日まで継続しているとはいえ、以下において論ぜられる

社会組織の多くは、過去のものであり、そのままの形で今日見られるものではないことを指摘しておく必要がある。日本の農村、漁村における伝統的な生活様式や社会組織は、近代化ことに高度経済成長の結果、大幅に変化したり、失われてしまった。それにもかかわらず、社会諸類型の基礎にある諸原理の大部分は、たとえば年齢序列のように、会社、学校やその他の生活分野において形を変えて存続し続けているのである」（大林、1996、13－14）と述べている。

祖父江孝男は、日本文化＝社会の地域性（差）について、「日本の村落社会における地域差について概観してみたのであるが、このような状況は如何なる事情にもとづいて出来あがったのだろうか？　これについては極めて多くの議論がくり返されているのであるが、次にこれを概観してみることにしよう。

　1）社会経済史的解釈　もちろんまず第一には村落の開発の事情も関係してくるであろう。つまり村落の開発が或る有力な家及びその一族郎党による場合と、身分的に同一階層の家々によってなされた場合がある。これらの開発における二つの型は、それぞれの開発の時代における身分的階層分化が顕著であったか否かの時代差によるのではないかと思われる。

しかし、更に強く福武直教授その他の多くの社会学者によって指摘されているのは、地理的条件に基づく経営方式の差異である。つまり、分家が本家に対して経済的に隷属する必要に迫られる時には、本家分家の間に主従関係が強く成立する。このような必要が失われる時は、組結合へと転化して行くのである。このような点からみる時、東北では気候的な背景もあり、また耕作技術の面でも劣っており、反当収量はずっと少なく、このために分家は本家に隷属せざるを得なくなる。（中略）こうした社会経済的要因は社会学者、農業経済学者によって強く指摘されている。

　2）種族史的解釈　しかし、他方文化人類学者の間では、むしろこうした地域差は遠く日本の先史・原史時代にさかのぼって、その頃からのものではないかと考えている。つまり、日本民族は北方系、南方系－様々の種族・文化の流れが順次漂着してできあがったものなのであるが、その時に各地区ごとに異なった系統の種族・文化が根をおろしたゝめに地域差ができあがったと考えるものである。

こうした議論の有力な裏付けとなるのは、日本は単に社会構造の面で同族型結合地域（東北）と組講型結合地域（西南）の二つに分かれるのみな

らず、血液型その他体質的な面や、また言語（方言）その他の文化面においても上の社会構造の場合とほゞ同じ地域を境界として東北と西南を分け得るという事実であった。（中略）また石器時代における土器、石器においても東北と西南の二つの型式が対立していることが言われている。東北のものは北方アジア系であり、西南のものは南方系といわれている。（中略）以上のような点からみると、やはり日本の先史、原史時代における種族的相違から種々の文化、そして社会構造における東西と西南の二型が作り出したのであり、福武教授らのいう社会経済的要因はむしろ同族その他の種々のしくみを存続させるか、或いは消失させるかの要因として働いていると考えた方がよいように考えられる」（祖父江、1962：42-45）としている。

　祖父江が指摘した言語（方言）について、最近、つぎのような研究成果が提示されている。笹原宏之によれば、「人は、『ことば』には地理的な変異である『方言』が存在することを自明のこととし、何の疑問ももたない。あたかも県民性やローカルな料理が実在することと同様に理解し、そこに味わいや『方言萌え』なる感覚までも抱くようになってきている。しかし、文字、ことに漢字においても同様の地域による差があること、つまり『地域漢字』や『地域音訓』が実在しているという現実には、ほとんど気付かないでいる。方言を表記するだけでなく、方言と同様に各地に存在する地域性をもつ文字は方言文字とよばれてきた。本書はそれらの漢字に『方言漢字』と名付け、それを書名とした」（笹原、2013：8）とし、さらに「日本では言語面における地域差は方言として一般に強く意識され、音韻、語彙、文法などの諸面から学問的な考察も数多くなされている。一方、文字言語を構成するのに不可欠な要素である漢字に対しては、それが意識されることはほとんどなかった。（中略）南北に長く伸び、各地に多彩な独自性が存在している日本列島には地域色豊かな漢字も使われてきたのである」（笹原、2013：22-23）と述べている。このような問題意識に基づいて行われた研究について、「ここまで、漢字のさまざまな地域差について観察したり考察したりし、気付きや推測を含めて記してきた。日本には地域に根ざした方言など豊かなことばだけでなく、漢字とそれにつながる種々の文化が今なお各地に残っていた。日本語使用者にとって共通の漢字を定めようとする漢字施策より広がりをもつ、地元の風土と生活に息づくものである。地域に住む人たちの必要によって生みだされ、習慣となってきた」（笹原、2013：236）し、「日本語の文字と表記は、要素や体系として、世界でも希

なほどの多様性をもつ。それに自由度の高い運用法が掛け合わされてきた。そして社会的、地域的な集団による違いまでがそこに立体的に掛け合わさってきた。日本列島は、欧米や中国など広大な大陸から見れば小さな国土にすぎない。しかし日本の文字・表記の多様性は地域差にも見つけられた。豊富な選択肢を用いて読み書きするという大らかでありながらも細やかさも合わせもった文字生活は、各地の人々の表現に活力をも生み出してきたのである」(笹原、2013：244－245) と結んでいる。

　これは、国文学の世界においても地域性研究が深化・拡大していることになる。
(7)　介護の担い手が介護をめぐって展開する協働体系のこととしておきたい。
(8)　「住友総合研究所は、1998年の全国市区町村の介護サービスの状況を明らかにするデータベースを作成・公表した。このデータベースは1993年～1995年度に関するものであったが、その後2001年に1996～1998年のデータを付け加えたものを作成・公表してきた。データ・ベースには、全国市区町村の人口、人口密度、高齢化率、在宅介護指数、65歳以上100人当たりのホームヘルプサービス利用日数、65歳以上100人当たりデイサービス利用日数、65歳以上100人当たりショートステイ利用日数、65歳以上1万人当たり特別養護老人ホーム定員数、65歳以上1万人当たり老人保健施設定員数、人口10万人当たり医師数、人口10万人当たり病院一般病床数、人口10万人当たり一般診療所病床数、老人保健医療給付対象者1人当たり医療諸費用額、老人保健医療費1人当たり医療諸経費額、財政力指数等の数値が掲載されている。

　ここでは、1998年度のデータベースのうち『在宅三本柱』とされているホームヘルプサービス（訪問介護）、デイサービス（通所介護）、ショートステイ（短期入所生活介護）を取り上げ、『直系家族制』(山形県) と『夫婦家族制』(鹿児島県) における介護形態の地域差を比較分析することにした。

　まず、全国値と山形県・鹿児島県の人口、家族データをみると、1998年の高齢化割合は、両県とも22％前後でほぼ同じような割合を示しているが、1995年の『子との同居世帯』割合は山形県が鹿児島県を約42ポイント上回っている。つぎに、両県の『在宅三本柱』の平均利用日数をみると、ホームヘルプサービス利用日数が鹿児島県が山形県を252.6日上回っているが、デイサービスは鹿児島県が山形県を268.4日、ショートステイは山形県が鹿児島県を19.2日上回っている（参考表1）。

序　章　課題と方法

参考表１　地域介護力の比較（１）

（単位：人、％、日）

地域	人口	高齢化率	子との同居率	65歳以上100人当たりホームヘルプ利用日数	65歳以上100人当たりデイサービス利用日数	65歳以上100人当たりショートステイ利用日数
全　国	126,716,224	16.5	61.2	116.1	200.4	46.5
山形県	1,250,573	22.2	78.5	138.1	194.4	76.7
鹿児島県	1,790,437	21.9	37.0	390.7	462.8	57.5

（注）子との同居率は、1995年の「国勢調査」結果。ホームヘルプサービス、デイサービス、ショートステイは、平均利用日数。
（資料）高橋紘一監修、住友生命総合研究所編、2001、『地域介護力データブック』中央法規。

　つぎに、山形県と鹿児島県から、それぞれ一町を取り出して比較分析を試みることにした。その比較分析の資料として、ここでは、まず山形県下で最も高齢化率の高い西川町を選定し、つぎに鹿児島県については西川町とほぼ同じ高齢化率を示している入来町を取り上げて比較分析することにした。
　西川町と入来町をみると、人口規模は西川町が入来町より約1,300人多いが、高齢化率はほぼ同じ割合を示している。しかし、『子との同居世帯』割合は西川町が約40ポイント多く、入来町のほぼ２倍の割合を示している。これは、前述した分析指標からみると、西川町が『直系家族制』地域、入来町は『夫婦家族制』地域であるといえよう。この両地域における介護形態をみると、『ホームヘルプサービス』は入来町が西川町より207.6日多く、『デイサービス』も入来町が174.3日多くなっているが、『ショートステイ』は西川町が入来町より24.7日多くなっている（参考表２）。

31

参考表2　地域介護力の比較（2）

(単位：人、％、日)

地　域	人　口	高齢化率	子との同居率	65歳以上100人当たりホームヘルプ利用日数	65歳以上100人当たりデイサービス利用日数	65歳以上100人当たりショートステイ利用日数
山形県西川町	7,873	29.8	78.2	163.2	127.8	50.4
鹿児島県入来町	6,599	29.7	38.7	370.8	302.1	25.7

(注) 子との同居率は、1995年の「国勢調査」結果。ホームヘルプサービス、デイサービス、ショートステイは、平均利用日数。
(資料) 高橋紘一監修、住友生命総合研究所編、2001、『地域介護力データブック』中央法規。

　この両地域にみられる介護形態の違いは、家族構造の差異に起因しているものと思われる。というのは、『直系家族制』で生活している地域では高齢者は『家族介護力』によって介護が支えられているため『ホームヘルプサービス』や『デイサービス』を利用することが少なくなっているが、『夫婦家族制』を基調にして家族生活を営んである地域では家族内に介護の担い手が少ないため介護支援を『社会的介護力』に依存せざるを得ないため二つのサービスは家族外の支援に依存せざるを得なくなってくる。しかし、『ショートステイ』は西川町が入来町を上回っている。これは、『夫婦のみ世帯』で暮らしている場合は、夫か妻が要介護状態であっても自宅に留まって『ホームヘルプサービス』や『デイサービス』を受けて過ごすが、『単独世帯（一人暮らし世帯）』になると、『施設介護』になる。このことが、入来町の『ショートステイ』利用日数の少なさとなって現れたものと思われる。西川町の相対的多さは、『冠婚葬祭』や『農作業の繁忙期』等で介護の担い手が出払ってしまうと『家族内介護』なるが故に『ショートステイ』に依存せざるを得なくなることが考えられる。このような『家族内介護』を基本とする地域における機会限定的な介護形態として『ショートステイ』が相対的に多くなっているものと思われる。
　以上の結果をみると、介護形態の地域差は家族構造の差異によって生じた現象形態であると結論づけることができよう」（清水、2004：11－14）と

した。

　この家族構造と介護支援システムとの対応図式は、介護保険制度が成立する以前の資料に基づいて作成したものである。そこで、この対応図式は、介護保険制度の以前の介護支援システムを表していると仮定し、この仮定に基づいて図序－2と図序－3を作成した。

【引用・参考文献】

網野善彦、1982、『東と西の語る日本の歴史』そしえて
荒井良雄・川口太郎・井上孝編、2002、『日本の人口移動―ライフコースと地域性―』古今書院
新睦人、2004、『社会学の方法　Method of Sociology』有斐閣
江守五夫、1976、『日本村落社会の構造』弘文堂
―――、1986、『日本の婚姻―その歴史と民俗―』弘文堂
―――、1990、『家族の歴史民族学―東アジアと日本―』弘文堂
江坂輝弥、1963、「縄文時代の東と西」『國文学　解釋と鑑賞　日本の東と西　日本文化・日本人の祖先をさぐる』至文堂
藤見純子・西野理子編、2009、『現代日本人の家族―NFRJからみたその姿―』有斐閣
福武直、1949、『日本農村の社会的性格』東京大学出版会
蒲生正男、1956、『社會學講義資料 Ⅲ』敬文堂
浜林正夫、1984、『現代と史的唯物論』大月書店
蓮見音彦、1974、「『家連合』と村落」青山道夫・竹田旦・有地亨・江守五夫・松原治郎編著『講座　家族　6　家族・親族・同族』弘文堂
速水融、2009、『歴史人口学研究　新しい近世日本像』藤原書店
平井晶子、2008、『日本家族のライフコース―「家」生成の歴史社会学―』ミネルヴァ書房
家坂和之、1961、「序論」新明正道編『基礎社会学　改訂版』誠心書房
井上治代、2003、『墓と家族の変容』岩波書店
石田英一郎、1950、『民族学の基本問題』北隆館
―――、1955、『文化人類学ノート』（河出文庫）河出書房
石川義孝・井上孝・田原裕子編、2011、『地域と人口からみた日本の姿』古今書院
岩本光雄、1963、「血液型と指紋から見た日本の東と西」『國文学　解釋と鑑賞

日本の東と西　日本文化・日本人の祖先をさぐる』至文堂
泉靖一・蒲生正男、1952、「日本社会の地域類型」佐藤弘・渡邊操編『日本地理新体系　第2巻』河出書房
泉靖一・大給近達・杉山晃一・友枝敬泰・長島信弘、1963、「日本文化の地域類型」九学会連合編『人類科学―［日本の地域性・島―佐渡Ⅲ］―』第15集、新生社
泉靖一・長島信弘、「家督相続から見た日本の東と西」『國文学　解釋と鑑賞　日本の東と西　日本文化・日本人の祖先をさぐる』至文堂
加藤彰彦、2003、『家族変動の社会学的研究―現代日本家族の持続と変容―』早稲田大学大学院文学研究科博士論文（未印刷）
小浜基次、1963、「形質人類学から見た日本の東と西」『國文学　解釋と鑑賞　日本の東と西　日本文化・日本人の祖先をさぐる』至文堂
小谷汪之、1985、『歴史の方法について』東京大学出版会
丸山真男、2004、「原型・古層・執拗低音―日本思想史方法論についての私の歩み―」加藤周一・木下順二・丸山真男・武田清子、2004、『日本文化のかくれた形』（岩波現代文庫）岩波書店
三浦文夫、1988、『高齢化社会ときみたち―21世紀にはどうなる―』（岩波ジュニア新書）岩波書店
宮本常一、1981、「常民の生活」大野晋編『東日本と西日本』日本エディタースクール出版部
森岡清美、1983、『家族変動論』ミネルヴァ書房
長島信弘、1964、「日本文化の地域的差異―村落社会に関する統計的研究―」九学会連合編『人類科学［日本の地域性（続）・日本の美・九学会共同調査の回顧と反省』第16集、開明社
Nagashima, Noguchi and Tomoeda, Hiroyasu eds., *Regional Differences in Japanese Culture*. Senri Ethnological Studies, 14. National Museum of Ethnology.
永原慶二・阪東宏編、1978、『講座　史的唯物論と現代　3　世界史認識』青木書店
中根千枝、1964、「『家』の構造分析」『石田英一郎教授還暦記念論文集』平凡社
―――、1970、『家族の構造―社会人類学的分析―』東京大学出版会
那須宗一、1962、『老人世代論―老人福祉の理論と現状分析―』芦書房
成瀬治、1977、『世界史の意識と理論』岩波書店

岡正雄、1979、『異人その他―日本民族＝文化の源流と日本国家の形成―』言叢社

尾本恵市（研究代表者）、小林和正、池田次郎、祖父江孝男、埴原和郎、香原志勢、徳川宗賢、鈴木秀夫、佐原真、1982、『昭和56年度　文部省科学研究費補助金（総合研究Ｂ）研究成果報告書―日本人の地域性に関する研究方途の検討―』

大林太良、1990、『東と西　海と山―日本の文化領域―』小学館

――――、1996、「社会組織の地域類型」ヨーゼフ・クライナー編『地域性からみた日本　多元的理解のために』新曜社

大間知篤三、1962a、「婚姻」大間知篤三・岡正雄・桜田勝徳・関敬吾・最上孝敬編『日本民俗学大系　3　社会と民俗Ⅰ』平凡社

――――、1962b、「家族」大間知篤三・岡正雄・桜田勝徳・関敬吾・最上孝敬編『日本民俗学大系　3　社会と民俗Ⅰ』平凡社

大野晋、1963、「古代の言語分布と日本の東と西」『國文学　解釋と鑑賞　日本の東と西　日本文化・日本人の祖先をさぐる』至文堂

歴史学研究会編、1982、『現代歴史学の成果と課題Ⅱ　第1分冊　歴史学と歴史意識』青木書店

斉藤孝、1975、『歴史と歴史学』（UP選書）東京大学出版会

笹原宏之、2013、『方言漢字』（角川選書）角川学芸出版

佐々木信夫、2006、『自治体をどう変えるか』（ちくま新書）筑摩書房

佐藤宏子、2007、『家族の変遷・女性の変化』日本評論社

清水浩昭、1986、『家族と人口の社会学』犀書房

――――、2004、「家族構造と介護形態の地域差」『社会学論叢』第149号、日本大学社会学会

――――、2008、「研究成果の理解と評価に関するガイドライン」清水浩昭編著『家族社会学へのいざない』岩田書院

祖父江孝男、1962、『教養としての社会学』敬文堂

染谷俶子、1997、『過疎地域の高齢者』学文社

住谷一彦、1963、『共同体の史的構造論―比較経済社会学的試論―』有斐閣

――――・喜多野清一、1968、「《対談》日本の家と家族―有賀・喜多野論争の問題点」『思想』第527号、岩波書店

――――、1983、『歴史民族学ノート』未來社

――――、1991、『学問の扉を叩く――戦後学徒の「学問と人生」―』新地書房

―――、2004、『日本を顧みて―私の同時代史―』未來社
高橋統一、1977、「年齢集団」増田義郎編『日本の社会』(講座比較文化6)研究社
―――、1994、『村落社会の近代化と文化伝統―共同体の存続と変容―』岩田書院
玉里恵美子、2009、『高齢社会と農村構造　平野部と山間部における集落構造の比較』昭和堂
高根正昭、1979、『創造の方法学』(講談社現代新書)講談社
高島善哉、1966、『現代日本の考察　民族・風土・階級』竹内書店
―――、1975、『マルクスとヴェーバー―人間、社会および認識の方法―』紀伊国屋書店
田中義麿・田中潔、1968、『科学論文の書き方(第4回全訂版)』裳書房
竹村卓二編、1986、『日本民俗社会の形成と発展―イエ・ムラ・ウジの源流を探る―』山川出版社
友枝敏雄、2007、「社会学の方法」友枝敏雄・山田真茂留編『Do！ソシオロジー―現代日本を社会学で診る』有斐閣
遠山茂樹、1968、『戦後の歴史学と歴史意識』岩波書店
恒藤恭、1950、『型による認識』勁草書房
内田芳明、1972、『ヴェーバーとマルクス―日本社会科学の思想構造―』岩波書店
上原専禄、1958、『歴史学序説』大明堂
山井和則、1991、『体験ルポ　世界の高齢者福祉』(岩波新書)岩波書店
柳田國男、1970、『定本柳田國男集』第31巻、筑摩書房
山口昌男、1970、「[付論]文化人類学と日本研究」論文集刊行委員会編『岡正雄教授古稀記念論文集　民族学からみた日本』河出書房新社
山下昇、1963、「地質構造から見た日本の東と西―フォッサマグナの意味―」『國文学　解釋と鑑賞　日本の東と西　日本文化・日本人の祖先をさぐる』至文堂
山之内靖、1969、『マルクス・エンゲルスの世界史像』未來社
ヨーゼフ・クライナー、1996、「日本の地域性の現在―ひとつの問題提起」ヨーゼフ・クライナー編『地域性からみた日本　多元的理解のために』新曜社
渡辺秀樹・稲葉昭英・嶋崎尚子編、2004、『現代家族の構造と変容　全国家族調査[NFRJ98]による計量分析』東京大学出版会

第1章　高齢化社会論

　本章では、まず、岡崎陽一の高齢化社会と高齢社会を区分する意義を紹介し、つぎに、黒田俊夫の人口学的高齢化社会論を詳述した。ここで黒田の議論に拘ったのは、黒田人口学の特質である「先見性」「統合性」「国際性」が、高齢化社会論にも投影しており、高齢化社会日本の家族と介護についての研究にとって必要不可欠な要素が内在しているからである。

1．人口高齢化と高齢化の人口学

　人口高齢化は、総人口に占める老年人口（65歳以上人口とするのが一般的）割合の相対的増加のことをいう。この老年人口割合が7％水準に達した社会を「高齢化社会」とし、その割合が14％に到達した社会を「高齢社会」、21％を超えると「超高齢社会」とする考え方もある。
　それでは、人口高齢化は、いかなる人口学的条件の変化によって生ずるのであろうか。人口高齢化の先進国であるヨーロッパの経験によれば、つぎのような人口学的条件の変化によって生じるとされている。
　人々の生活水準が低い社会では人口動態は「多産多死」の状態であった。つまり、生活水準の低さは、死亡率（とりわけ乳児死亡率）を高めることになる。そこで、人口を一定水準に保持するためには、それに見合う高い出生率を保持することが求められた。こうしたことが「多産多死」を招来した。しかし、経済・社会が発展し生活水準が上昇してくると、死亡率が低下してくるが、出生率は依然として高水準を保っていたので「多産少死」段階に移行する。この段階に移行すると、人口は増加することになる。さらに、経済・社会が近代化すると、出生率も低下し「少産少死」段階に移

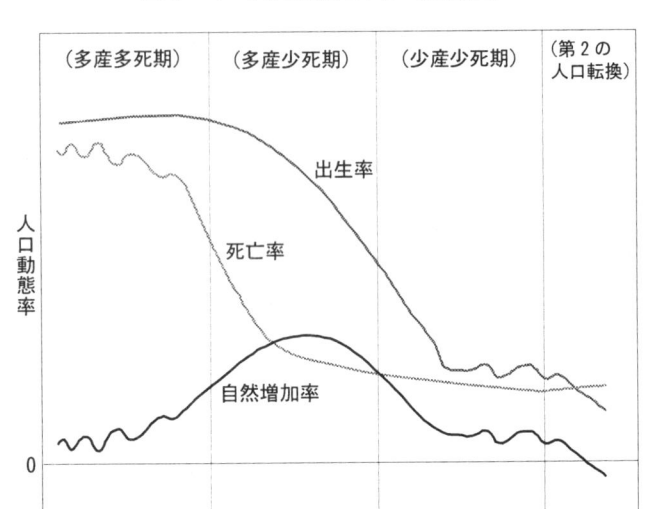

図1-1　人口転換モデル（概要図）

[図：横軸に（多産多死期）（多産少死期）（少産少死期）（第2の人口転換）の区分、縦軸に人口動態率。出生率、死亡率、自然増加率の曲線が描かれている]

（出典）エイジング総合研究センター編著、2010、『新　図表でわかる少子高齢社会の基礎知識』中央法規出版、10頁。

行し、人口の増加は停滞ないし減少してくる。

　人口学では、このような人口学的条件の変化によって生じた人口現象を「人口転換」（「第1の人口転換」）と呼んでいる。人口高齢化は、このように「多産多死」から「多産少死」を経て「少産少死」へと人口動態が変化することによって生じることになる。これは、「人口高齢化の経験法則」とも呼ばれている。ところが、近年、出生率が死亡率を下回り、人口が減少する段階に入って来ている。このような人口動態の変化を「第1の人口転換」に対して「第2の人口転換」と呼んでいる（図1-1）。

　岡崎陽一は、このような考え方を念頭において、高齢化社会と高齢社会を区分するとともに、高齢化社会段階のもつ重要性を指摘している。

2．高齢化社会と高齢社会—区分する意義

　岡崎陽一によれば、高齢化社会（aging society）とは「総人口における老人人口の割合が次第に増大していく社会」（岡崎、1977：207）のことであり、高齢社会（aged society）は「老人人口の割合があるところまで増大しつくして、そのような状態に落ち着いた社会のこと」（岡崎、1977：207）としている。

　岡崎が、このように区分したのは「それぞれ当面する問題の性質が異なるからである」（岡崎、1977：209）と述べている。岡崎によれば、「高齢化社会においては、人口の年齢構成が次第に変化していくので、この変化に対応して経済および社会の構造や習慣を変化させていく必要がある。その適応の過程に遅れがあると、それだけ社会的摩擦は大きくなり、経済的・社会的に混乱が生じるおそれがある」（岡崎、1977：208－209）としている。このように、「高齢社会は老人人口も、またそれを扶養する生産年齢人口も、さらにまた年少人口もすべてその数が不変であるから、いったん、その社会に適合した経済社会の組織が完成されれば、特別の事情がないかぎり、あらためてそれを変化させる必要はおこらないはずである」（岡崎、1977：209）としている。[1]

　このことから、高齢化社会段階は、社会の制度・政策を整備しなければならない重要な時期にあたっている。しがって、この時期が重要な意味をもっているというのが岡崎の主張である。本書では、この岡崎の考え方に依拠して高齢化社会における家族と介護の問題を検討していきたいと考えている。

　この岡崎の高齢化社会論を踏まえて、人口高齢化に関する研究を人口学の分野を中心にして回顧することにした。それは、この分野の研究は、主に人口学の分野で展開されてきたことと、この研究が人口学者の黒田俊夫を中心にして推進されてきたからである。[2]

そこで、ここでは、黒田の研究成果を回顧することを通じて、日本における人口高齢化研究の成果と課題を検討することにした。というのは、黒田の研究には、「学ぶに値する方法論」があり、「継承されるに相応しい研究成果」があり、歴史の転換点に立ったとき「顧みるに値する視座」を有しているからである（清水編・解説、2009）。

3．人口構造に関する研究

ここでは、このような認識に基づいて、黒田が、この分野の研究を、どのように意義づけてきたかを、まず紹介しておきたい。黒田は、「日本の出生減退の傾向も明確になってきた今日、そして遠からぬ将来において老年人口の割合が急速な歩調でもって増加すると予測される今日、人口学の観点からみてgerontologyの研究と増加老年人口対策の樹立は焦眉の急を要する課題といわなければならないであろう。本文献は、以上のごとき観点の下に、この科学研究の手引きと関心喚起のために、主として外国文献中特にgerontologyを中心として主要文献を整理編集したものである」（黒田、1953：4）との認識に立って文献研究に着手した。その後、「20世紀後半における先進諸国の課題は高年化現象にありといっても過言ではないであろう」（黒田、1955a：15）とし、「生産年令人口比率ならびに絶対数の減少は、生産の人口構造的不均衡をもたらす結果、従来の社会組織、経済構造の修正さえ要請するにいたることを予想しなければならないであろう。社会経済の発達の段階が生みだした高年化現象は、次の段階では社会経済に対し社会経済機構の適応を要請するに至るのであって、社会経済機構の面からいかにこのような高年化革命に対処していくかが、20世紀後半の文明諸国の最大の課題である」（黒田、1955a：15）と述べるとともに、「人口の高年化はこのようにして現実に社会経済構造上の諸条件の修正を強引に推し進めていくであろうから、社会科学の面においても高年科学の樹立が急務となってくる」（黒田、1955a：16）との考えを示した。

黒田は、1950年代に人口高齢化問題の重要性を指摘したが、このような認識に基づいて、人口構造の研究を展開してきた。その研究対象と研究成果を概観すると、つぎのようになる。

3-1　高齢者問題発生の社会経済的背景

　黒田は、高齢者問題発生の社会経済的背景を、三段階に区分し考察を加えている。それは、家族制度の段階、個人主義ないしは資本主義制度の段階、社会化制度の段階である。この三段階についての見解をみると、第一段階については、「今日の社会において社会問題として扱われている大部分の問題は、中世およびそれ以前においては、家族という枠の中で解決されていたのであって、その限りにおいて社会化は全く行われていなかったといってよい。老人の扶養という問題は、まさにこのような家族的解決の対象であった。従って、当然に、このような問題は全体としての社会にとってはほとんど関心の対象とはならなかった」（黒田、1955a：9）が、第二段階（18世紀の終わり頃）になると、「社会は新しい進歩の段階にはいった。機械、技術の進歩にもとづく産業革命は、1000年の永きにわたって安定を誇ってきた制度を次第に解体」（黒田、1955a：10）しはじめてきた。その結果、（1）産業化の進展に伴って若年世代と高齢者世代の家族が地理的に分離するとともに、家族的紐帯を弱体化、解体化させたこと、（2）家族の地理的分散は、家長的権威を衰退させるとともに、家族的紐帯の解体を促進する要因になったこと、（3）資本主義の確立・発展は、高齢者の活動を賄う自己貯蓄率を高め、自己責任制を促進強化せしめたと分析している。さらに、第三段階については、「資本主義の矛盾の累積と共に社会経済組織は従来の徹底した個人主義制度の完全なる活動を許容することができなくなってきた。……かくて、従来の単純な困窮老人の救済に代えて、世代間の連帯にもとづく体系的、合理的かつ全国民的な新制度を創設する必要が生じてきたのである。個人主義制度の時代の偶発的な社会救済ではなくて、組織化された国家制度として社会保障を本質的手段とする社会化の段階が

始まったのである」(黒田、1955a：13-14) と述べている。

　これは、社会・経済の進展と高齢者扶養のあり方との関連を論じたものである。老年社会学者の那須宗一も同様な見解を提示している (那須、1970：3-17)。しかし、黒田の見解は、那須より約15年前のことになる。

3-2　個体としての高齢者問題

　黒田は、人口高齢化とともに、「個人の『個体としての高年化』現象を無視してはならない」(黒田、1955b：11) とし、個体の高年化については、雇用上の問題点、労働効率、賃金、労働災害・職業上の疾病、欠勤率、職業異動、労働への適応性等についての分析を試み、個体としての高齢化と職業能力の低下とが、必ずしも適合しないこと」(黒田、1955b、11-39) を明らかにしている。これらの研究成果や指摘は、現段階でも十分通用するように思われる。

　このように黒田は、1950年代から「高齢化社会」に関わる様々な議論を展開してきたが、1960年代には、どのような研究を展開してきたのであろうか。

　黒田は、「高度経済成長といわれる繁栄過程の中で充分な貢献をして、老年化してくると働く機会から閉め出され、家族制度や公的社会保障からも見放されて、不安な老後生活をおくらねばならないのが今日の大部分の老人である。極めてはげしい経済的、社会的変革の最大のぎせい者が老人人口である。このような老人問題の日本的特徴を具体的に、その原因と動向を考えてみる必要がある」(黒田、1968a：72) と述べている。

　このような問題意識に基づいて、1960年代には、都市社会における老人問題、人口老年化の急速な進展、家族制度の変化、定年制の問題に関する分析を試みている (黒田、1968a：72-74)。

　この1960年代の議論を踏まえて、1970年代には、「新しい近代化にはかって経験したことのない新しい社会、経済問題が発生してくる。この問題の解決方法は、西欧、日本、開発途上国にとって同じものであるとは限ら

ないであろう。経済の発展段階、社会的、経済的諸制度をことにしているこれらの国々が、新しい近代化に直面して問題を解決する方法もおのずから異なったものであろう。しかし、いずれにしても、黄昏社会ともよばれている次の近代化社会は、少なくとも今日までの西欧社会とは、生活、職業、家族、扶養関係といったいくたの分野において、異なった価値観が支配的となることが予想される。それはどのような社会であるであろうか、安定と発展を維持、確立していくためには、どのような政策が必要とされるであろうか、高齢者社会への進行という年齢構造変動は、新しい価値観を必要とするような新しい近代化の基本的路線であることに留意する必要があろう」(黒田、1979b：52)としている。

さらに、黒田は、1990年代に至ると、つぎのような議論を展開している。

3-3 高齢化戦略―逆三角形の論理からの提言

黒田は、「第二次大戦後の20世紀後半から21世紀中頃までの1世紀は、それまでの人類の長い歴史と区分されるべき分水嶺である」(黒田、1999：44)とし、20世紀後半の50年を前期、21世紀前半50年を後期に区分している。そして、「前期は世界人口の爆発的増加と挑戦によって特徴づけられ、後期は前期増加と対策の結果としての人口変動に特徴が見られる。また、この後期の人口変動は人口高齢化の年齢構造変化と都市化という人口分布の顕著な変化で構成される」(黒田、1999a：44)。このことを踏まえて、日本人口の高齢化状況を見ると、1997年に高齢人口(65歳以上)が子ども人口(0～14歳)を上回った。これを、「筆者は『高齢化の危機点』と呼ぶ。その理由は、人口のプロファイルが一般的な富士山型あるいはピラミッド型から逆三角へ変形していく始動点であり、その社会的、経済的インパクトはきわめて重大であると考えられるからである」(黒田、1999a：46-47)としている。

このような認識に基づいて、年齢構造の新分類を提示している。それは、「慣習的な分類区分である0～14歳、15～64歳、65歳以上に対して筆者の

提案は0～19歳、20～74歳、75歳以上である」(黒田、1999a：56)。
　この年齢分類によって、従属人口指数を計算すると、「半世紀後の2050年に至って初めて高齢従属人口指数が年少従属人口指数を上回ることになり、高齢従属人口指数の逆転に半世紀の差が見られる」(黒田、1999a：55)。とすれば、「日本人口の高齢化の後期が2050年から始まると考えると、今までの通説よりも50年間の余裕という時間のかせぎが可能になるということである」(黒田、1999a：56)と述べている。
　ここで、75歳以上を高齢人口としたのは、健康状況が著しく改善されているからとしている。このような状況を踏まえて、高齢化戦略を展開している。黒田は、高齢化戦略として量的戦略と質的戦略に区分して議論を展開しているが、ここでは、質的戦略を紹介しておきたい。
　この議論の前提として、「現在ならびに将来における高齢者の著しい特徴は、高学歴化、多様な職歴、社会的経験である。したがって、高齢化社会の最も重要な基本戦略は、この高度化した高齢化人口の個性に応じた効率的な活動をいかにして実現するかにあるといえるであろう」(黒田、1999b：34)とし、「労働力減少に対する対策は、治療、予防以上に健康の維持・増進に対する」(黒田、1999b：36)ものである。「労働力の第二の質的対策は、知識、技能の再訓練、再研修システムの整備、強化」(黒田、1999b：37)である。「第三に個人生活の本拠が、家族という集団にある以上、労働力である個人が健康で高度な仕事に安定して集中できるような緊密な協力・援助システムの集団であることが必要である」(黒田、1999b：37)と述べている。最後に、これまでの議論を総括して、三つの提言をしている。「第一の提言は、年齢構造システムの転換―危機から好機へ―」(黒田、1999：37)である。「第二は、このような重大な転換期に効果的に成果を上げるためには、年齢構造の逆三角形という、およそ人類が経験したことのない社会構造に対応するために、あらゆる慣習、伝統、経済組織、社会システムから脱却する意識革命」(黒田、1999b：38)が必要である。「第三は、男女間の社会的差別、さらに年齢についての社会的差別の撤廃である」(黒田、1999b：38)

としている。

　これは、人口構造に関する黒田の最終論考になる。ここで展開された議論は、高齢社会における高年齢層の健康度を踏まえて、人口学的視点から高齢社会のあり方を提示したものであり、検討に値する議論である。というのは、この論考は、人口学の基本中の基本である年齢に着目し、この区分を変更することで、新たなる世界像を描いているからである。

　ここまでの議論は、国レベルにおける人口高齢化についてのものである。したがって、人口高齢化の地域間格差の問題については、論及していない。しかし、都道府県、市区町村における人口高齢化の地域差も無視し得ない課題である。これは、人口移動（社会動態）が出生・死亡（自然動態）を変動させるとともに、人口構造に与える影響との関連をみないと解けない課題である。黒田は、この課題にも挑戦し、一つの「解」を導き出したのである。

4．人口移動と人口構造および自然動態

　人口移動に関する研究は、黒田の研究領域のなかでも重要な位置を占めてきた。しかし、黒田が、人口移動を人口学における三大要素の一つに位置づけるまでには、紆余曲折があった。

　そこで、ここでは、まず、この辺の状況を検討することからはじめたい。

4−1　人口学における人口移動研究の位置

　黒田は、1960年代初頭、人口学のなかで人口移動を、どのように位置づけていたのであろうか。黒田によれば、人口移動は「基本的自己再生産要因としての出生や死亡のごとく、人口増加やその変動に直接参加しない混乱的、非論理的要因であり、したがって人口学の体系混乱的要素であるという性格と、人口移動現象のあまりにも強い経済的性格とは、人口移動の分野をしてdemographyのstepchildたらしめてきた基本的原因である」

(黒田、1961b : 28)としている。

　この人口移動を「継子」扱いする見解は、舘稔の考え方であるが、黒田は、この時期、このいわば「舘の呪縛」のなかにいたといえよう。しかし、1960年代半ばごろから微妙な変化が見られる。その微妙な変化を跡付けると、「人口移動は、人口学において出生力、死亡秩序ともに基本的研究要素であるにもかかわらず、人口学の"継子"とよばれている。それは、出生、死亡現象がなお生物学的側面を強く保持しているのに対して人口移動は純粋に経済的、社会的な人間行動であって、その研究は出生、死亡に比較して著しくたちおくれているからである。人口移動は、本質的に社会学、経済学の密接な協力なしには解明されないいわばmulti-disciplinaryな研究分野である。現実の課題としても、人口移動は今日の日本の経済、社会問題あるいは都市、農村問題の基本的原因として注目されるに至った」(黒田、1966a : 72)と述べている。ここでも、人口移動は「人口学の継子」とよばれているが、今日の日本社会に内在する問題状況を考察する上で、見落としてはいけない注目すべき「要因」(「重要な要因」)であると論じている。

　それでは、黒田をして、人口移動を人口学のなかに正当な位置を与える契機となった「出来事」は、何だったのであろうか。

　私は、その一つが国際会議への出席（国際的契機）であり、もう一つが調査経験（国内的契機）であると考えている。その国際会議とは、「第2回国連世界人口会議」である。黒田によれば、「国際的に見ると3個の人口移動パターンに区分することができよう」(黒田、1966b : 50)とし、「低開発地域における農村・都市間人口移動は、農村からのpushばかりではなく、都市の側のpush-back factor（都市の潜在的ならびに完全失業者の存在や、流入人口の疾病、失業、退職は不断にpush-back factorとして）が作用する」(黒田、1966b : 50)としている。「それでは先進、工業化の高開発地域の農村・都市人口移動の特徴は、低開発地域のそれとどのように異なっているのであろうか。きわめて一般的にその特徴的な変化を要約すると、第1点は戦後の約10年間における大都市への集中的移動のパターンが大都市圏形成とその

充実といった方向へ変化してきたことである。……先進高開発地域における人口移動の第2の特徴は、移動の動機が著しく鈍化されているということである。移動動機の純化というのは、……明確な就業機会をもたない者が多数都市に流入するといったことが少なく流入人口のほとんどがすべて明確な移動根拠をもっていることを意味する」(黒田、1966b：51)。「低開発地域および先進地域における人口移動のパターンに対して第3のパターンとして加えられなければならないのは、ソ連、中共その他の共産圏諸国における人口移動のそれである。これらの諸国では、人口の移動は国の経済開発計画にしたがって組織化され、計画化されている。必要労働力の地域需要が国の組織によって調節され、従って自由主義国における自己の意思による地域移動ではない。……いずれにしても、人口移動が完全に国家によってコントロールされているばあいにおいても農村から都市への人口移動が人口の男女別、年齢別分布に影響を与え、自由主義諸国と同様に都市で男子生産年齢人口の増大、農村で減少をもたらしていることは、経済成長の過程における農村から都市への人口移動の必然性を立証している」(黒田、1966b：51-52)と、それぞれの地域における人口移動の特徴を紹介している。

　黒田は、このような人口移動の動向を踏まえて、現段階における注目すべき研究成果について言及している。「(1)移動人口の社会的、経済的属性ないしは、移動格差については、アメリカの1960年センサス結果を利用して行なったMiller氏の研究をあげることだができよう。氏によれば職業は移動の一般的水準の決定に影響力をもっているが、移動のパターンを決定するのはむしろ年齢であることをあきらかにした。……(2)人口の分布ならびに移動の測定方法についてのBachi氏の研究が注目される。彼によれば"標準距離" standard distance による測定を提案し、イスラエル、イタリア、アメリカ等に適用を試み、成果を示した。……(3)農村→都市間人口移動における段階説はじゅうらい指摘されてきたところであるが、この会議においても新しい事実が追加された。ベルギーにおいて小都

市が大都市への移動における中間駅となっていること」(黒田、1966b：53)を指摘するとともに、こうした動向は低開発のラテン・アメリカにおいても存在することを明らかにした。さらに、「(4)農村→都市間人口移動が農村に与える影響に関する研究にも注目されるものがあった。Beijer氏は先進地域と低開発地域の両者について、人口流出が農村、農業に及ぼす影響を次の如く論じている。西欧社会の今日の農村からの人口流出は、農村型にもいくたの社会経済問題を提起するが、しかし結局において農業経済の近代化を促進することになる。しかし、ラテン・アメリカの経験では、近代化過程の最初のimpactとして農村からの人口流出が生ずるのであって、それは農村の窮乏化をかんわせず、反って悪化せしめる傾向がある」(黒田、1966b：53)という。「(5)移動政策論に関し、筆者は政策手段としての移動の理解と必要性について次のようなinterventionを行なった。移動政策は出生・死亡に関連する人口政策として考慮されねばならないことはいうまでもないが、特に経済・社会政策としての観点が重要である。政策手段としての人口移動を政府の総合的政策に繰り込むことが必要である。以上のべてきた如く、人口移動の研究は今日重大な科学上ならびに実践上の役割をもっている。それにもかかわらず、人口の著しい空間的不均等分布の研究は、社会科学のみならず人口学からさえも等閑視されてきた観がある」(黒田、1966b：54)と述べている。

　この国際会議は、黒田における人口移動観を大きく変化させる契機になったのではなかろうか。

　もう一つ契機となったのは、1965年に厚生省大臣官房企画室と厚生省人口問題研究所が実施した「未開発地域における人口・労働力の移動と社会開発に関する調査」である。この調査には、黒田のほかに、岡崎陽一、皆川勇一、内野澄子が参加している。ここで言う未開発地域とは、「1960～65年における人口減少率が10％以上であり、かつ郡内町村がすべて人口減少を示していること、人口密度が1 km^{2}につき100人未満であること、第1次産業就業人口に対する割合が60％以上であること、以上3個の条件をみ

たす地域」（黒田、1967：4）としている。このような基準で選定した調査地で調査を実施した。その結果、「近年の出生率の低下、死亡率の上昇過程の進行によって自然増加率の負が増大してきた」（黒田、1967：11）ことを発見した。黒田は、この調査を通じて、上述した人口現象が「若年層（産み盛りの年齢層）」の人口流出によって生じたことを明らかにした。

　この研究は、「日本列島における自然増加率水準の地域分布を示すと……全国的にみると中国、四国を中心とする西南日本における減少型、東北、北関東ならびに大都市圏では高い自然増加率を示し、両極化の傾向がけんちょである」（黒田、1968b：20）へと発展させるとともに、「地域社会における自然動態の逆転化傾向の発生は、西欧の歴史的経験にもみられなかった日本的人口現象として特に注目に値する。それは、はげしい年齢選択的人口移動による流出地域人口構造の不均衡化の累積効果の発現であるだけにその経済的、社会的影響は深刻である……さらに、地域社会における自然動態のこのような著しい格差は、将来人口や労働力人口再生産を通じてそれらの地域分布変動に対する加速的要因として作用することにも着目する必要があろう」（黒田、1967：20）と指摘している。

　黒田は、こうして人口移動研究を人口研究の三大要素の一つに位置づけるに至ったと、私は考えている。

　それでは、黒田は人口移動をどう捉えていたのであろうか。黒田によれば、「人口移動は基本的な社会経済変動の繁栄として、必然的に発生する人口均衡運動である。同時にそれは社会経済変動に対する調整的槓杆の役割を果たしながら、社会全体の社会的・文化的平準化に貢献する。異なった地域間の人口の交流を通じて、人口の社会意識、生活価値観といった生活文化体系上における社会的同化・平準化と分化的融合を促進せしめるのである」（黒田、1961b：30）としている。

　黒田は、このような認識に基づいて、人口移動に関する研究を展開したが、この領域で、つぎのような研究成果を提示した。

　黒田は、1960年代以降、人口移動研究に力を注いできたが、この研究か

ら導き出された理論を大まかに整理すると、(1)「人口移動転換論」(いわゆる「Uターン」論)、(2)過疎地域における「自然動態の逆転論」、(3)「人口移動転換論」によって導き出された「自然動態の緩和論」になる。そこで、これらの研究成果の一端を紹介しておきたい。

4-2 人口移動の機能

「人口移動の機能の実体は必ずしも明確ではない。しかし、本質的には3個の機能を考えることができる」(黒田、1962：36)とし、「第1は経済的機能である。人口移動の基本的動因は、低水準所得地域と高水準所得地域との地域経済格差の均衡化にあるとみられる限りにおいて、それは経済的機能である。……第2の機能は、地域間の人口交流が激しくなるにつれて、地域のもつ社会的、文化的特性が失われて同質化の傾向が促進されることはいうまでもないであろう。第3のそれは、人口学的機能とよぶことができるものである。出生力や死亡秩序にみられる地域格差が、人口移動によってある水準にconvergeする傾向がみられる。人口動態率の地域格差が人口移動によってのみ縮小せしめられるものでないことはいうまでもないが、人口移動のもたらすこのような収れん作用を否定することはできない。この人口学的機能も、もちろん、第1の経済的機能や第2の社会的機能と密接な関係にあることはいうまでもない」(黒田、1962：36)と述べている。

この見方は、文化人類学者のレッドフィールドが提示した「大伝統」と「小伝統」との考え方と対照的であり、興味ある問題提起である。しかし、私は、「大伝統」としての人口移動・人口高齢化が「小伝統」としての家族構造の地域差を平準化させないところに日本の社会構造、とりわけ地域社会の持つ「文化の固有性」があると考えている。(3)

4-3 人口移動と出生力との関係

「一般に、移動と出生力との関係の研究は、主として移動というbehaviorが出生力にどのような影響をもつかを測定しようとするものであって、実

際には次のような方法がとられる。第1は移動者と非移動者movers and non-moversの2個の範ちゅうに分類してその出生力を比較するものである。第2は、移動という動態事件、特にその回数が出生力とどのような関係にあるか、出生力をどのように阻止するかどうかを判定しようとするものである。第3は、移動者、非移動者の世代間の出生力を比較するものであって、第1の分類に入れることもできよう。以上は、すべて移動の出生力に及ぼす影響を考えたものであるが、全く反対に出生力が移動の要因となり、移動に影響を及ぼす側面をも考究する余地があろう」(黒田、1962：36-37)と述べている。

この人口移動と出生力との関係は、未開発地域における研究で、新たなる展開を示すことになる(黒田、1967)。と同時に、この調査は、黒田人口学の特徴の一つである「統合性」形成の契機になったように思われる。というのは、この調査は、「人口移動と自然動態および社会動態との関連」、「自然動態の逆転」、「人口移動転換」、「Uターン」等々の理論を生成する契機になったからである。

4-4 人口移動パターンの転換―近代化・移動転換

黒田は、人口移動の動向と移動理由の変化に関する議論も展開している。そこで、その議論も紹介しておきたい。

黒田によれば、「人口移動を行動的側面から見ると2個の段階に区分できる」(黒田、1970：26)とし、「第1の段階は戦前から最近に至る長期にわたる古典的移動によって特徴づけられるが、ほぼ1965年前後から第2の段階が始まったとみることができる。それを筆者は移動行動の"近代化"とよぶ。……人口移動の近代化傾向はごく最近始まったものであるが、それ以前の人口移動と区分される本質的な特徴は、移動という順応行動における人口の態度である。第1の段階では、主として経済的動機による農村からのpush中心型の消極的、受動的態度が支配的であるのに対して第2段階では経済的欲求より高次の欲求が加わった複合的な動機による積極的、

主体的な態度が支配的な移動となる」(黒田、1970：26) としている。

　黒田は、ここで移動主体（移動する人間）の行為に着目している。これは、人口移動を経済学的視点のみならず、社会学的視点からも考察するという分析視点の変化とも読み取ることができるのではなかろうか。それは、1966年に『社会学評論』で展開した議論（黒田、1966）とも連動しているように思われる。

　つぎに、人口移動転換論について議論した論考を紹介しておきたい。

　「ここでは戦後日本における人口移動がどのように変化してきたかを統計的に分析し、古典的な農村から都市への人口移動パターンの激化の段階とそれに続いて新しい移動パターンの発生—著者はこれを人口移動転換（mobility transition）とよぶ—について論証し、かつ移動行動（migratory behavior）が開発（development）の新しい段階に対応する国民の居住地選択のresponseであるといった観点」(黒田、1978b：99-100) から検討した結果、「その基本的特徴は大都市圏集中から地方分散への基調の変化と移動人口の中心が20歳代の若い生産年齢人口であるということである。このような若い労働力人口のUターンを可能ならしめたものは、1962年の全国総合開発計画（旧全総）、1969年の新全国総合開発計画ならびに多くの地域開発促進法や各県の総合開発計画の実行による地域開発の進展とそこに生じた雇用機会の増大であり、同時に大都市における生活環境の悪化や生活観の変化も促進的追加的要因となった」(黒田、1978a：109) とし、「戦後日本のぼうだいな人口移動は、大都市圏を中心とした高度経済成長・発展に大きく貢献したが、反面において大量の若年労働力人口を排出した地域の開発を阻害したばかりでない。産業と人口の過度集中地域において過密の弊害をもたらした。人口の再分布のための人口移動の転換にあたって、生活の質の向上と維持を中心とした新しい開発のありかたが検討されなければならない」(黒田、1978a：110) と結んでいる。

4－5 人口移動と年齢

　高齢者の人口移動は、移動率からみると高い割合を示しているわけではない。しかし無視し得ない課題である。というのは、この移動は、高度経済成長に伴って、農村から大都市圏に移動してきた当時の若年層の親世代が高齢化し、大都市圏に居住している子世代のもとに移動するものであり、この現象は「呼び寄せ老人」といった言葉すら出現させるに至ったからである。これは、1960年代に農村から大都市圏に移動した世代（主として団塊の世代）が故郷に「Ｕターン移動」する割合が比較的低いことから生じた。それは、「子どもと同居するため」とする移動理由の高さからもうかがえる。このことは、本書の課題と深く関わってくる。というのは、高齢期を迎えた団塊の世代が大都市圏に残留し、大都市圏で人口高齢化が進展することになるし、移動しないとされていた高齢者が子との「同居」を求めて、移動することは日本の家族構造が依然として「直系家族制」を希求していることを意味しているとも考えられるからである。

　このようなことを念頭において、この領域に関する研究を概観すると、高齢者移動の研究は、大友篤（大友、1983：1－6）がいち早く着目し多くの研究成果を残してきたが、人口学の分野では内野澄子（内野、1976：20－32）、清水昌人が、地理学の分野では田原裕子、平井誠らによって継承され、発展されている。

　そこで、最近の研究に問題を限定して、その成果を紹介することにしたい。

　清水は、「高齢化が急速に進むなか、日本の人口移動研究においても高齢者は重要な位置を占めつつある。一般に、高齢者の移動は子どもなど家族に関する状況に大きく規定される傾向がある。……他の年齢層に比べた場合、高齢層は加齢にともなう身体的な変化が大きい。そのため、身体的な不利を補う要素として、家族などとの同居者や近居者の存在が大きな意味を持つ。人口移動の研究においても、親族等との同居・別居の状況や家

族構成の変化が、移動の有無や移動距離とどう関わっているかが研究課題の一つといえる」(清水、2011：48)との問題意識に基づいて、「第5回世帯動態調査」(2004年)を分析した。

その結果、「第一に、対象となった高齢者の大部分は、5年間で家族類型が変化せず、単独や夫婦のみの世帯で暮らし続けている。こうした高齢者の移動率は低い。ただ、単独世帯にいた人の間では、夫婦のみの世帯にいた人より移動率が高い。今後高齢者の単独世帯数は大きく増加すると推計されているので、この移動率の差は、一般世帯に住む高齢者全体の移動率を引き上げる方向に作用するだろう。第二に、家族類型が『その他』に変わるケースでは、高齢者の移動率は高い。ここには、いわゆる高齢者の『呼び寄せられ』と呼ばれる移動が多く含まれる。しかし、数自体は少なく、高く見積もっても本稿の分析対象の高齢者全体の数％に過ぎない。ただ、移動者に占める割合は比較的高い。また、家族類型が『その他』に変化する場合、高齢者が移動しない場合には他の世帯員が移動してくるが、こうしたケースは、高齢者自身の移動数と比較しても、かなりの比率にのぼる。高齢者自身の移動に加え、これら家族等の移動も含めると、『高齢者をめぐる移動』の重要性は低くない。第三に、家族類型の変化パターンと移動の有無を組み合わせて調査対象者をいくつかの集団に分類し、主な集団の特徴を検討した。『家族類型に変化なし＋移動なし』という最も多い集団を基準とした場合、女性では年齢が高くなるほど家族類型が『その他』に変化すると同時に移動しやすくなる。少なくとも単独ないし夫婦のみの世帯にいる高齢女性のこうした『呼び寄せられ』には、本人の年齢が大きく関係している」(清水、2009：60)ことが明らかになった。[4]

平井によれば、大都市圏郊外における高齢者の流入には、(1)配偶者との死別を契機にして単身女性が子ども世帯との同居を求めて流入する移動(2)退職を契機に高齢者夫婦が子ども世帯との近居を求めての移動、(3)住宅の購入・更新のために子ども夫婦とともに移動(平井、2011：71)の三つのタイプがあるとしている。このような移動の背景には、「子どもが進

54

学や就職で大都市圏に集中しそこで家庭を持つことによって、高齢者（老親）と子ども（成人子）が分離された状況になってしまう日本の構造である。将来、心身が変化し介護等が必要となった場合に子どもと離れていることの不安を感じる高齢者自身が、居住地を変更することで子どもとの分離を解消しているのである」（平井、2011：71-72）と述べている。ところが、近年、この高齢者移動パターンに変化がみられるという。それは、大都市圏から非大都市圏への移動であり、「かつて高度経済成長期に非大都市圏から大都市圏に大量に流入した集団就職の移動を反転させた移動パターンと捉えることができる。今後、第1次ベビーブームで出生した者が高齢期に入ることを考えると、このような移動はさらに増加することも予想される」（平井、2011：72）としている。

　田原によれば、「居住地の選択は高齢者にとって、単に住む場所を選ぶだけでなく、家族との関係や地域社会とのかかわり方なども含めてライフスタイル全体を規定する重要な戦略である。彼らがなぜそこに住んでいるのか。その理由を明らかにすることは、福祉行政や地域社会のあり方を考えるうえで重要な情報である。そのためにも高齢者がどのような状況において移動を決意するか、高齢者の移動が本人や家族、そして地域にどのような影響をもたらすかについて、本格的な調査研究が待たれるところである」（田原、2002：186）と述べている。

　これらの研究をみると、近年の人口移動研究は、高齢化社会の進展に伴って高齢者移動の研究が新しい領域として展開されつつあること、さらに、高齢者の移動理由においては「家族的理由」（同居・近居等）割合の高さが解明されたことになる。

　この高齢者移動に関する研究は、黒田の人口移動研究では必ずしも十分な展開を示すまでに至らなかったが、人口移動、人口構造、自然動態を統合し、地域人口変動の分析枠組を提示した。これは、高齢化と家族構造の地域性分析にとっても示唆に富んだ研究成果である。そこで、黒田が提示した地域変動の模式図を紹介しておきたい。

4－6　人口移動、人口高齢化と自然動態との連関―地域人口変動の分析枠組

　黒田は、1960年代の自然動態の逆転論を展開したが、その後の自然動態の動向を踏まえた新たな分析結果を提示している。黒田は、このような一連の人口移動研究を通じて、これまでの人口移動論から導き出された知見を政策論と連動することを模索するとともに、人口移動論の集大成を試みた。

　黒田によれば、「戦後における人口の地域分布のパターンからみると、ほぼ3つの段階に区分することができる。第1は、昭和30年代における人口移動の前例のない加速的増大による人口の過密地域と過疎地域の分極化の時期である。高自然増加率の農村的地域から低自然増加率の都市化地域への大量の人口移動は、前者の地域における自然増加率を上回る純流出によって大部分の農村県は人口減少を示し、反面都市化地域では自然増加と純流入によって異常な人口増加がみられた。第2段階は、昭和40年代前半の時期であって、人口送出の農村県の自然増加率の急激な低下と人口受入れの都市県の自然増加率の著しい上昇によって両地域の逆転が生じた」（黒田、1975：1）。さらに、「第3の段階はほぼ昭和45年以降の時期である。地域人口の自然増加の逆転をもたらした人口移動は、すでに昭和30年代末期から地方への環流人口の増大、大都市圏への流入人口の鈍化という新しい変化を示し始めた。このような人口移動の新しい変化は、当然に地域人口の人口動態、そして人口増加に影響を現わし始めた。それは大都市圏における人口増加に占める移動と自然増加の役割の逆転、大都市化県の自然増加率の低下、農村県における自然増加率回復への傾向等に現われ始めている」（黒田、1975：2）とし、この分析結果から、「人口の地域分布に及ぼす人口移動と自然増加の2個の要因は、単純な独立要因ではなく、因果の構造的関係にあることは、日本の経験によって実証されたといってよかろう」（黒田、1975：11）と述べている。

図1-2 地域人口変動の模式図

```
〈人口流入地域〉
社会経済変動→若年層の人口流入→若い年齢構造→高い自然増加率→過密化
            （人口若返り現象）
〈人口流出地域〉
社会経済変動→若年層の人口流出→ 老年齢構造→ 低い自然増加率→過疎化
            （人口高齢化の進展）
```

（出典）黒田俊夫、1978、『日本人の寿命』（日経新書）日本経済新聞社、156頁に基づいて清水浩昭が若干の修正を加えた。

　黒田は、このように人口移動、人口高齢化（人口構造）と自然動態との関連を追究し、この分析を通じて、新たなる研究領域を切り拓くとともに、新たなる知見を提示している。ここにも、黒田人口学の特徴である「統合性」と「先見性」が、内包されているように思われる。

　黒田は、このような一連の研究を通じて、つぎのような地域人口変動の模式図を示したが、これは、地域人口変動を分析するための枠組の提示とも受け止めることができよう（図1-2）。

　私は、この黒田の地域人口変動の模式図と家族構造の地域性とを連動させることによって、本書の課題を解き明かすことを企図している[5]。

注
（１）この岡崎の考え方を図式化とすると、つぎのようになる。

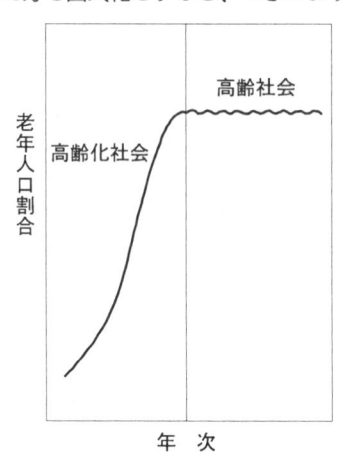

```
老年人口割合 │        ┌─高齢社会──
              │   ╱──┘
              │  ╱ 高齢化社会
              │ ╱
              │╱
              └──────────────
                    年　次
```

　岡崎は、何故、高齢社会段階よりも高齢化社会段階を強調したのであろうか。私は、これを山登りにおける服装にたとえて説明することにしている。

　総人口に占める65歳以上高齢者人口が、７％を超えると「高齢化社会」に突入したとされている。そこで、いま、登山者は、７％段階の登山口にいたとする。この段階では、「軽装備」で山登りを開始することができよう。しかし、1,000～2,000メートル、さらに、それ以上の高さになると、このような服装で登山すると身体に異常をきたすことになる。そこで、登山者は、それぞれの段階で「装備」を変えなければならなくなる。これが岡崎の言う、人口高齢化に対応して経済および社会の構造や習慣を変えねばならないということになる。したがって、「軽装備」のまま頂上（高齢社会段階）にと達すると、「凍死」（手遅れ）の状態になってしまう。これが、人口高齢化状況に対応して年金、医療、福祉等々の制度改革を行わねばならないことを強調していることになる。私は、岡崎が高齢化社会段階を強調する意義をこのように捉えている。

　この岡崎の見解を念頭において、高齢化社会問題に関心を有する経済学者と社会学者は、どのような考え方を提示しているかを紹介しておきたい。

　江見康一は、「最近『高齢化社会』という言葉がよく使われるようになった。しかし、それが官庁の『白書』類に出るようになったのはつい最近のこ

とで『厚生白書』でも従来は『高齢者対策』という表現しか見当たらなかったように思う。しかしながらそれを『高齢化社会』と呼ぶようになったのは、厚生行政が単に高齢者という特定年齢層への対象という次元ではなくて、最近よくいわれている『福祉社会』という用語と折り重なった形で、いわば社会全体の構造変化としてそれを捉えようとする意識であろうと考える。したがって、高齢化社会とは、人口全体の中に占める高齢者層の割合が、今後早いテンポで増加していくと予測される事実に立って、そのことが社会経済の諸側面に与えるインパクトと、それによって変化する社会経済の年齢構造特性を総称して『高齢化社会』と規定すればよいであろう」（江見、1972：4）と述べている。

那須宗一によれば、「高齢化社会ということは、いくら老人の人口がふえたからといって、子どもの人口がどんどんふえている限りは高齢化社会とはいえない。しかし、子どもの数が減ってきて、それに比例して老人の人口が減らない、むしろ逆にふえるということになれば、これは明らかに高齢化社会ではないか、これが最近の高齢化社会としてのとらえ方であります」（那須、1975：5）としている。

森岡清美によれば、「高齢化社会とは、社会の人口構成において65歳以上の老年人口の占める比重が高まった社会のことである」（森岡、1976：3）と述べている。

三浦文夫によれば、「高齢化社会とは、ある国の人口構造が次第に高齢化している状態にある社会を意味している。そして通常は総人口に占める65歳以上の人口割合が7～8％ぐらいの段階から次第に高まっていく状態にある社会をさしている」（三浦）、1980：4）と述べている。

これを整理すると、高齢化社会という言葉は、ほぼ二つの意味で使われている。それは、総人口中に占める老年人口割合が次第に高まっていくことを基本に据えて、この人口構造の変化が経済・社会に影響を与えることを含めて定義づけを行っている研究者（岡崎、江見＝経済学者）と、老年人口割合の変化にだけに着目している研究者（那須、森岡、三浦＝社会学者）になる。

また、私たちは、近年、長寿社会、人生80年型社会という言葉を目にする機会が多くなっている。そこで、これらの言葉は、どのような意味で用いられているかも検討しておきたい。

三浦文夫によれば、「高齢化社会または高齢社会は、人口構造が高齢化す

る状態または一定の高齢化段階に入った社会を意味しているのに対して、人生80年型社会は、平均寿命や老年者の平均余命が伸び、多くの人々が80歳を超えるまで生きつづけることができる社会という意味」(三浦、1988：113)で用いられている。これを人口学的にみると、最近の人口高齢化は、「老年人口の平均余命の伸長、つまり長寿によるところが大きい」(三浦、1988：114)。このような人口学的状況の変化が高齢化社会を、「あえて長寿社会と呼ぶようになった」(三浦、1988：114)。したがって、「高齢化社会と区分して長寿社会という場合には、人生80年型社会を土台として、その社会がより明るく実り豊かな社会であるという願望」(三浦、1988：14)も込められているとしている。

　ともあれ、高齢化社会から長寿社会へという呼び方の変化の底流には、「伝統的に強かった老人に対するマイナスの感覚を転換しようとする動き」(古瀬、1986：3)が内在している。

(2) 大道安次郎は、「フランスでは人口高齢化の現象がいちはやく現れてきたこととて、それがフランスの人口学者たちの注目するところとなったのは当然であるが、イギリスやアメリカの人口学者たちも自国の人口動態や分析を通して、それぞれの分野で大きな寄与をしている。わが国でも厚生省の人口問題研究所の舘稔所長、黒田俊夫技官、上田耕三技官や慶応大学の寺尾琢磨教授などの人々の手によって、わが国に即した優れた研究が出されている」(大道、1969：23)とし、人口高齢化に関する先駆的な研究を紹介するとともに、「経済学の方面からも人口高齢化の問題は真剣にとりあげられている。人口高齢化の経済的影響は直接的であり、また深刻なものを投げかけている」(大道、1969：23)。その研究成果として、「とくに定年制の問題、労働力人口の問題、労働生産率の問題、雇用と失業の問題などに関連しての優れた研究が多い。とくに注目すべきは、黒田俊夫技官の執筆による厚生省人口問題研究所の『高齢化人口学の基本構造』(昭和30年2月)や黒住章氏の『停年制』(昭和32年5月、日本評論新社版)などの著書をはじめ寺尾琢磨教授や大宮五郎、上田耕三、石田安宏の諸氏の業績も無視してはならない」(大道、1969：24)と評価している。この評価は、黒田の研究がいかに先見性(1955年時点での研究であることを考えると)に富んでいたかを示していることになる。ここで、黒田の研究業績を回顧しながら、その研究の軌跡を紹介する意図(意義)は、そこにある。

(3) 芳賀正明によれば、「『農民社会』」は、都市を中心にして生みだされるさ

まざまなの文化（思想・宗教上の教義・芸術・娯楽・ファッション・電化製品や農業機械などの物質文化等々）を、従来から、自らの文化伝統と融合させながらも、受け入れざるを得ない状況にある。レッドフィールドは、これを『大伝統（Great Tradition）』と『小伝統（Little Tradition）』の相互作用と呼んでいるが、いずれにしても、『農民社会』は、文化的にも外部社会の影響を受けている。これらのことから理解されるように、『農民社会』とは、自律的・自己完結的な社会ではなく、つねに、自らがその一部をなしている大きな社会―それが国家であれ、都市であれ―と結びついている社会である。それは、もう一方で、『農民社会』がそれ自体の明確な内的独自性を保持していることからもはっきりしている。

そこでつぎに、『農民社会』の内的独自性ということを考えてみよう。第一に、『農民社会』は、その成員の協同的な生活を基盤にして成り立っている」（芳賀、1980：50-51）。この社会における文化的特徴として、「個々の農民社会では、独自の行為規範が伝統的に確立され、それが外社会から課せられる法律以上の法規制として機能するのが一般的である」（芳賀、1980：51）と述べている。そして、第二に、「『農民社会』は文化的にも同質性を有している。成員は一般に、共通の価値観、すなわち村落内で許される行為・許されない行為に対する共通の考え、ものごとのふさわしい仕方・ふさわしい仕方に対する共通の認識をもっている。こうした共通の価値観は、種々の制裁によって相補的に保持・強化されている。『農民社会』のこうしたさまざまの同質性は、レッドフィールドが『民俗社会』で主張したように、その成員に、強烈な仲間意識を生みだし、自らの社会と他の社会を明確に区分する感情を引きおこすことになる。かくして、各人が他人との共感を強力に分かち合い、自分たちの相互類似性を強調する態度は、『農民社会』の内的独自性を強調することにつながるのである」（芳賀、1980：31-32）としている。

もちろん、こうしたことが現代日本の地域社会にも、そのままあてはまるとは言えないが、高齢化社会日本の家族と介護の地域性を分析する際には、「大伝統」（人口移動・人口高齢化）と「小伝統」（家族構造と介護）との分析視角からの接近が有効性を発揮すると、私は考えている。

（4）黒田俊夫によれば、「人口移動の主たる動因は、経済格差であるという理論は、内外の多くの専門家によってほぼ論証されているところである。しかし、経済的格差の存在のみで人口移動のすべてを説明することはできな

い。経済的以外の社会的、文化的格差や社会心理学的要因が人口移動に及ぼす影響のあることも否定できない」(黒田、1968c：37) と述べている。かかる指摘にもかかわらず、「わが国の人口移動研究においては、非経済的理由、とりわけ『家族的理由』について十分な検討がなされてこなかったように思われる。

そこで、本稿では、まず、人口移動と家族・世帯とに関する研究領域、研究視角を研究誌的に整理し、人口移動研究における『家族的理由』の位置を検討し、しかるのちに『家族的理由』の位置づけおよびその形態分類が提示されている『Uターン移動』に関する研究を紹介し、人口移動研究における『家族的理由』のもつ研究意義を研究誌的に明らかにするとともに、かかる研究誌的な基礎作業を念頭において、わが国の人口移動における『家族的理由』の位置とその研究意義とを国土庁の『人口移動要因調査』に基づいて実証的に明らかにしたい」(清水、1984a：17) との問題意識に基づいて国土庁調査を分析した。「その結果、わが国の人口移動の新局面を象徴する移動パターンで『家族的理由』の占める比重が大きいこと、しかも、移動年齢に着目すると、移動率の高い若年層の移動理由が『家族的理由』によっていると同時に、この理由が『職業的理由』と同等ないしこれを上回っていること、さらに、最近注目されている高齢者の移動理由のなかで『家族的理由』が多いことがわかってきた。

これらの事実に直面したとき、『家族的理由』についても応分の比重をかけた研究を推進しなければならない、といえるのではなかろうか。というのは、わが国人口移動の新局面を理解する鍵の一端が、『家族的理由』の研究蓄積如何にかかっているように思えてならないからである」(清水、1984a：30) とした。

なお、ここでの「家族的理由」には「家業継承」「親・家族と同居」「親・家族と近住」「親・家族と別居」「結婚」が含まれている。上述した若年層の「家族的理由」では「親・家族と同居」と「結婚」の占める比重が高く、高齢層では「親・家族と同居」と「親・家族と近住」が高い割合を占めていたことをつけ加えておく。

(5) 清水浩昭はかつて、「厚生省人口問題研究所が1973年度に実施した『生活実態からみた地域人口変動の要因に関する総合調査』をもとにして『人口高齢化』地域における『高年齢者世帯』の基本構造を類別化すると、つぎの二つの型になる (参考表1)。

参考表1 「高年齢者世帯」の基本型

名　称	内　容	主な分布地域
Ⅰ.『山形型』	二世代、三世代、ないしは四世代の同居	東北・北陸・山陰
Ⅱ.『鹿児島型』	同一敷地内世代別の別居	四国・九州

　要するに、基本型のちがう『高年齢者世帯』が地域を異にして分布しているということである。ところで、1960年代以降の人口変動は、この基本型にどのような変動をもたらしたのであろうか。
　その変動形態をみると、Ⅰ.『山形的形態』、Ⅰ'.『島根的形態』、Ⅱ.『鹿児島的形態』の三つに整理できるように思われる。つぎに、この点について順次ふれておきたい。

Ⅰ.『山形的形態』（東北・北陸的同居形態）
　この形態の家族は、1960年代以降の人口流出の激化にもかかわらず一子（長男ないし長女とは限らない）だけは世帯に残留させた。その結果、『直系家族世帯』が高い割合を示している地域である。したがって、人口変動の影響が直接『高年齢者世帯』の別居をそれほど増加させるまでに至っていない。

Ⅰ'.『島根的形態』（山陰的同居、別居併存形態）
　この家族の基本型は『山形型』に属するものである。しかし、1960年代以降の人口流出は、この基本型につぎのような変動をもたらした。すなわち、『夫婦と未婚の子どもよりなる世帯』は、やがて子どもの結婚により『直系家族世帯』へ転化するのが従来の支配的な移行経路であった。ところが、1960年代以降『夫婦と未婚の子どもよりなる世帯』の子ども達が県外へ転出してしまい『夫婦のみの世帯』へ移行する形態が部分的に生じてきている。さらに、『三世代直系家族世帯』においても子ども達の県外転出により『四世代直系家族世帯』に転化せずに『二世代直系家族世帯』へ移行する形態も出現してきている。したがって、人口変動の影響にもかかわらず伝統的な『同居形態』を保持する（この形態が、まだ支配的であるように思われる）形態と人口変動の影響によって『別居』を余儀なくされている

形態が併存しているのである。

Ⅱ.『鹿児島的形態』(四国・九州的別居形態)
　この家族は、『父息二代婚所を分つ』ことを原則とする世代別＝別居制(隠居制)を基本型としている。したがって、かつては祖父母世代、親世代、子世代等々が同一屋敷内にそれぞれ居をかまえて、いわゆる『みそしるのさめない距離での別居形態』が支配的であった。……ところが、1960年代以降の人口流出の激化は、『みそしるのさめない距離での別居形態』を『遠距離別居形態』へと変化させつつある。
　以上、記述・分析してきた『高年齢者世帯』の基本型と人口変動の影響による変動形態との対応関係を整理すると、つぎのようになる(参考図1)。

参考図1　「高年齢者世帯」の基本型と変動形態との関連

基本型	変動形態
Ⅰ.『山形型』 ←	→ Ⅰ.『山形的形態』
	→ Ⅰ'.『島根的形態』
Ⅱ.『鹿児島型』 ←	→ Ⅱ.『鹿児島的形態』

　要するに、1970年代段階における『高年齢者世帯』の変動形態(現象形態)の地域差は、家族の基本構造の多元性と1960年代以降の人口変動とが構造的に連関して生起したものであるといえよう」(清水、1980：311-313)との分析を行った。
　なお、ここでの引用文については、一部修正した箇所がある。

【引用・参考文献】
青井和夫、1992、『長寿社会論』流通経済大学出版会
―――――、1999、『長寿社会を生きる―世代間交流の創造―』有斐閣
荒井良雄・川口太郎・井上孝編、2002、『日本の人口移動―ライフコースと地域性―』古今書院
阿藤誠、2000、『現代人口学―少子高齢社会の基礎知識―』日本評論社
大道安次郎、1966、『老人社会学の展開』ミネルヴァ書房

第 1 章　高齢化社会論

エイジング総合研究センター編著、2010、『新　図表でわかる―少子高齢社会の基礎知識―』中央法規出版

江見康一、1972、「高齢化社会の年金・医療保障―『豊かな老後』への総合保障をめぐって―」『季刊労働法』第22巻第 4 号、総合労働研究所

Erdman Palmore ed., 1980, *International Handbook on Ageing*, The Macmilan Press.

古瀬徹、1986、『創造的な長寿社会への道―政策老年学からの提案―』中央法規出版

月刊アクロス編集室、1989、『大いなる逃走―団塊の世代さまよいの歴史と現在―』PARCO出版

芳賀正明、1980、「未開社会の変貌と文化人類学の新しい流れ」高橋統一・中村孚美・清水浩昭・大岩碩・森部一・芳賀正明・松本誠一『文化人類学の視角　伝統と現代』犀書房

濱口晴彦・嵯峨座晴夫編著、2001、『定年のライフスタイル』コロナ社

平井誠、2011、「高齢者人口の分布と移動」石川義孝・井上孝・田原裕子編『地域と人口からみる日本の姿』古今書院

人口・世帯研究会監修、大友篤、1996、『日本の人口移動―戦後における人口の地域分布変動と地域間移動―』大蔵省印刷局

小林和正、1982、「家族と人口―村落レベルの調査との関連について―」財団法人農村開発企画委員会編『農村血族の継承と拡散の動態』総合研究開発機構

厚生省大臣官房企画室・厚生省人口問題研究所、1966、『昭和40年度未開発地域開発の基礎的諸条件に関する調査「未開発地域における人口・労働力の移動と社会開発に関する調査（人口・労働力移動調査）」』厚生省

厚生労働省大臣官房統計情報部編、2002、『平成12年人口動態統計　中巻』財団法人厚生統計協会

国土庁計画・調整局編、1982、『我が国の人口移動の実態―「人口移動要因調査」の解説―』大蔵省印刷局

国立社会保障・人口問題研究所、2005、『第 5 回人口移動調査について』国立社会保障・人口問題研究所

国井長次郎編、1990、『目でみる世界の人口』（『世界と人口』1990年第10・11合併号）ジョイセフ（財団法人家族計画国際協力財団）

那須宗一、1970、「老親扶養の研究の現代的意義」那須宗一・湯沢雍彦編『老親扶養の研究』垣内出版

笠原正成、1972、『老人問題概論』駿河台出版社
加藤久和、2007、『最新人口減少社会の基本と仕組みがよ〜くわかる本』秀和システム
岸本實、1978、『人口移動論—その地理学的研究—』二宮書店
河野稠果、1986、『世界人口』東京大学出版会
黒田俊夫、1953、『ジェロントロジーに関する文献目録』研究資料第91号、厚生省人口問題研究所
―――、1955a、「高年化現象の人口学的研究（1）」『人口問題研究』第61号、厚生省人口問題研究所
―――、1955b、「高年化現象の人口学的研究（2）」『人口問題研究』第62号、厚生省人口問題研究所
―――、1961a、「序論」舘稔編『日本の人口移動〔増補版〕』古今書院
―――、1961b、「国内人口移動の意義と形態」『日本の人口移動〔増補版〕』古今書院
―――、1962、「人口移動と出生力」『人口問題研究所年報』第7号、厚生省人口問題研究所
―――、1966a、「日本の人口移動」『社会学評論』第17巻第1号、日本社会学会
―――、1966b、「人口移動の現状と研究（第2回国連世界人口会議と人口学の発展）」『人口問題研究』第97号、厚生省人口問題研究所
―――、1967、「地域人口の変動パターンからみた未開発地域」『人口問題研究』第103号、厚生省人口問題研究所
―――、1968a、「人口構造の変化と定年および老人の問題」『都市問題研究』第20巻第5号、都市問題研究会
―――、1968b、「自然動態の逆転と人口移動—地域人口変動パターンの分析—『第14回国際連合人口委員会』概要報告」『人口問題研究』第195号、厚生省人口問題研究所
―――、1968c、『日本人口の分析』一粒社
―――、1970、「人口移動行動の近代化」『人口問題研究所年報』第15号、厚生省人口問題研究所
―――、1972、『人口移動と地域社会』（銀行叢書第158号）社団法人全国地方銀行協会
―――、1975、「日本列島における地域人口再生産ポテンシャルの分布変動—

両極化緩和への転換」『人口問題研究』第135号、厚生省人口問題研究所
―――、1978a、『日本人の寿命―世界最長寿国の光と影―』(日経新書)日本経済新聞社
―――、1978b、「人口移動の新しい展開―日本における人口移動の構造変動―」『日本大学経済学部経済科学研究所紀要』第3号、日本大学経済経済学部経済科学研究所
―――、1979a、『日本人口の転換構造［増補］』古今書院
―――、1979b、「高齢者社会論序説」『日本大学経済学部経済科学研究所紀要』第4号、日本大学経済学部経済科学研究所
―――、1983、『日本人口論』時潮社
―――、1999a、「高齢化社会は究極の社会（1）」『人口と開発』第66号、アジア人口開発協会
―――、1999b、「高齢化社会は究極の社会（2）」『人口と開発』第67号、アジア人口開発協会
―――、2003、「転換と挑戦―流動する世界の人口―」毎日新聞社人口問題調査会編『少子高齢社会の未来学』論創社
黒田俊夫博士研究業績目録編纂委員会編、1986、『日本大学人口研究所名誉所長黒田俊夫博士研究業績目録―喜壽記念―』日本大学人口研究所
黒田俊夫先生米壽記念論集編集委員会編、1996、『地球型社会の発想とその展開―黒田俊夫先生米壽記念論集―』日本大学総合科学研究所
毎日新聞社人口問題調査会編、2003、『少子高齢社会の未来学』論創社
南亮三郎・上田正夫編、1978、『転換途上の日本人口移動［人口研究シリーズⅢ］』千倉書房
三浦展、2006、『マイホームレス・チャイルド―下流社会の若者たち―』(文春文庫)文藝春秋
三浦文夫、1988、『高齢化社会ときみたち―21世紀にはどうなる―』(岩波ジュニア新書)岩波書店
日本社会・文化研究会監修、杉本貴代栄編、2001、『日本人と高齢化―日本社会を解読するⅢ―』人間の科学社
岡村清子・長谷川倫子編、1997、『テキストブック　エイジングの社会学』日本評論社
岡崎陽一、1967、「未開発地域の人口構造とその変動」『人口問題研究』第103号、厚生省人口問題研究所

―――――、1977、『高齢化社会への転換―日本の人口・経済・社会―』広文社
―――――、1987、『現代日本人口論』古今書院
岡崎陽一・安川正彬・山口喜一・広岡桂二郎、1974、『人口論』青林書院新社
大友篤　1983、「日本における国内人口移動の決定因」『人口学研究』第6号、日本人口学会
尾崎護・貝塚啓明監修、わが国の人口構造の変化とそれに伴う諸問題に関する研究会、1994、『人口変動と日本の進路』ダイヤモンド社
Robert H.Binstock, Ethl Shanas eds.1976, *Handbook of Aging and Social Sciences*, Van Norstrand Reinhold Company.
Robert Redfield, 1956, *Peasant Society and Culture：An Anthropological Approach to Civilizatio*, The University of Chicago Press.
嵯峨座晴夫、1984、『高齢人口―昭和55年国勢調査モノグラフシリーズNo.8―』総務庁統計局
―――――、1993、『エイジングの人間科学』学文社
―――――、1997、『人口高齢化と高齢者―最新国勢調査からみる高齢化社会―』大蔵省印刷局
―――――、1999、『高齢者のライフスタイル』早稲田大学出版部
―――――、2012、『人口学から見た少子高齢社会』（アーユスの森新書）佼成出版社
清水浩昭、1977、「日本基礎社会の研究と家族・人口変動」高橋統一・中村たかを・青柳清孝・黒田信一郎・清水浩昭『増補人類学』犀書房
―――――、1979、「『人口高齢化』時代への対応―多世代累積と世代間連帯への模索―」『地域開発ニュース』第138号、東京電力
―――――、1980、「人口変動と文化人類学」高橋統一・中村孚美・清水浩昭・大岩碩・森部一・芳賀正明・松本誠一『文化人類学の視角―伝統と現代―』犀書房
―――――、1982、「人口変動と家族構成―『人口流出地域』の統計分析―」『政経論叢』（蒲生正男教授追悼論文集）第50巻第5・6号、明治大学政治経済研究所
―――――、1984a、「人口移動における『家族的理由』研究序説」『人口問題研究』第173号、厚生省人口問題研究所
―――――、1984b、「人口からみた『高齢化社会』」『都道府県展望』第308号、全国知事会

―――、1985、「『高齢化社会』の諸問題とその対応―人口変動分析を中心として―」都立教育研究所編『教育じほう』第452号、東京都教育研究会
―――、1986a、『人口と家族の社会学』犀書房
―――、1986b、「三世代世帯の形成過程と世代間関係に関する一考察」『白山社会学』第1号、白山社会学会（東洋大学）
―――、1988a、「歴史的にみた東京の高齢者問題」第353号、東京都職員研修所
―――、1988b、「研究前線　長寿社会の世帯形成を地域別に解析」総理府編『時の動き―政府の窓―』（昭和63年9月15日号・805号）大蔵省印刷局
―――、1992a、「21世紀の人口問題―人口高齢化と老親扶養・介護問題をめぐって―」坂田義教編『社会変動と人間』法律文化社
―――、1992b、「21世紀の人口問題」『地方自治・21世紀への提言』公職研
―――、1992c、『高齢化社会と家族構造の地域性―人口変動と文化伝統をめぐって―』時潮社
―――編著、1994、『高齢化と人口問題』財団法人放送大学教育振興会
―――、1996、「家族構造の地域性」ヨーゼフ・クライナー編『地域性からみた日本―多元的理解のために―』新曜社
―――編著、1998、『日本人口論―高齢化と人口問題―』財団法人放送大学教育振興会
―――、1999、「長寿社会の現状と将来」『生活の設計』第205号、貯蓄広報中央会
―――、2001、「高齢社会をいかに生きるか」『生活の設計』第210号、貯蓄広報中央会
―――、2002、「人口と家族―人口学における研究の展開をめぐって―」比較家族史学会編『家族―世紀を超えて―』日本経済評論社
―――、2005、「黒田俊夫論―人口移動研究を中心にして―」『社会学論叢』第152号、日本大学社会学会
清水昌人、2009、「単独世帯および夫婦のみ世帯に居住する高齢者の人口移動と世帯変動」『人口問題研究』第65巻第4号、国立社会保障・人口問題研究所
総務省統計局、2004、『住民基本台帳人口移動報告年報』財団法人日本統計協会
高桑史子、2004、「甑島漁村における家族の可動性―その構造と変化―」比較家族史学会監修、佐藤康行・清水浩昭・木佐木哲朗編『変貌する東アジアの家族』早稲田大学出版部

田原裕子、2002、「高齢期の移動」荒井良雄・川口太郎・井上孝編『日本の人口移動―ライフコースと地域性―』古今書院
内野澄子、1976、「人口移動の二重構造運動の仮説―日本列島における人口移動転換―」『人口問題研究』第139号、厚生省人口問題研究所
山口喜一、1990、『人口と社会―理論・歴史・現状―』東洋経済新報社
湯沢雍彦編、1978、『老年学入門』（有斐閣双書）有斐閣

第2章　日本家族論

　本章では、まず家族の理解に必要な基本的な概念を取り上げた。しかるのちに、今日まで展開されてきた日本家族論を五つに整理するとともに、これらの家族論が、どのような問題意識に基づいて形成されたかを詳述した。

1．家族構成と家族構造

　まず、家族、家族構成と家族構造について説明することからはじめたい。というのは、この三つの概念に関する認識が、本書理解の「鍵」を握っているからである。

　戸田貞三は家族を、「夫婦及び親子関係からなるものを中心とする比較的少数の近親者が感情的に緊密に融合する共産的共同であると云われ得る」（戸田、1937：65）と「家族の集団的特質」について述べているが、森岡清美も、「家族とは、夫婦・親子・きょうだいなどの少数の近親者を主要な成員とし、成員相互の深い感情的なかかわりあいで結ばれた、幸福（well-being）追求の集団である」（森岡、1997：4）としている[1]。

　この家族については、様々な視点から研究することが可能であるが、ここでは、家族構成と家族構造の視点から検討していきたい。それでは、この二つは、どのように概念規定されているのであろうか。上子武次によれば、「家族構成というのは、互いにどのような種類の親族関係にある、どれだけの数の、人びとが家族のメンバーになっているかということ、つまり家族の構成員の親族構成と数のこと」（上子、1981：5）であるが、「家族は、家族生活は、どうあるべきかに関する観念、家族構成、家族成員としての

71

行動、家族成員間の関係などがどうあるべきかについての考え方」(上子、1981：14)を家族観念としている。上子のいう家族観念は、家族構造と言い換えることができよう。

また、家族構成は「夫婦家族」(夫婦と未婚の子どもからなる)、「直系家族」(夫婦と1人の既婚子とその配偶者および彼らの子どもからなる)、「複合家族」(夫婦、複数の既婚子と彼らの配偶者および子どもからなる)とに分類(森岡、1997：16)され、家族構造は「夫婦家族制」(親夫婦と子ども夫婦が別居することを原則とする家族制度)、「直系家族制」(親夫婦と子ども夫婦が同居することを原則とする家族制度)、「複合家族制」(親夫婦と複数の男兄弟の子ども夫婦が同居することを原則とする家族制度)とに類型化(森岡、1997：13-14)されている。[2]

近年、光吉利之は、家族構造と家族構成を組み合わせた類型として、「直系家族制規範の規定力が強く2世代同居の拡大家族形態をとるタイプ〈Ⅰ〉」、「直系家族制規範の優位性は維持されているが独立核家族形態をとるタイプ〈Ⅱ〉」、「夫婦家族制の優位性は維持されているが2世代同居の拡大家族形態をとるタイプ〈Ⅲ〉」、「夫婦家族制の規定力が強く独立核家族形態をとるタイプ〈Ⅳ〉」(光吉、1991：141)の四タイプを提示している(図2-1)。

光吉によれば、家族には「規範的要素」と「状況的要素」が内在するとしている。この二つの要素について若干の説明を付け加えると、規範的要素は、全体社会や地域社会の家族イデオロギーや法規範によって導かれるが、状況的要素は外部社会にける出生率や平均寿命などの人口学的変化や経済変動、産業構造の変動によって左右されるところが大きい(光吉、1979：39-40)。この考え方によれば、家族構造は規範的要素と、家族構成は状況的要素と対応することになろう。

この光吉のいう「規範的要素」は、蒲生正男の家族構造に関する考え方とも関わってくる。蒲生によれば、家族内の人間関係は、夫婦関係、親子関係、兄弟姉妹関係に大別できるとし、これを尊重・優先の視点でみると、夫婦関係が親子関係や兄弟姉妹関係より尊重・優先されれば「夫婦家族制」

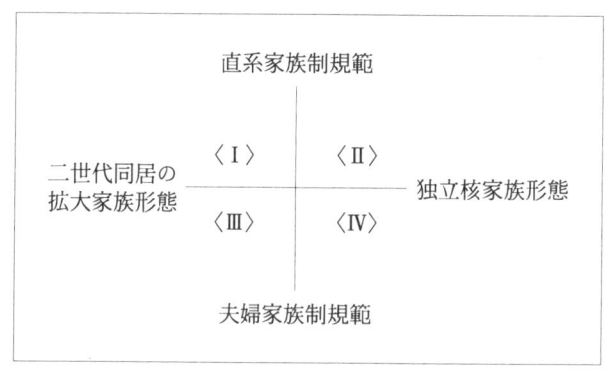

図2−1　家族構造と家族構成

```
                    直系家族制規範

   二世代同居の    〈Ⅰ〉  〈Ⅱ〉
   拡大家族形態  ─────────── 独立核家族形態
                  〈Ⅲ〉  〈Ⅳ〉

                    夫婦家族制規範
```

（出典）光吉利之、1991、「家族（1）—収斂と拡散」遠藤惣一・光吉利之・中田実編『現代日本の構造変動』世界思想社、141頁。

に、親子関係が夫婦関係や兄弟姉妹関係よりも優先・尊重されると「直系家族制」に、兄弟姉妹関係が夫婦関係や親子関係より優先・尊重されると「複合家族制」になるとした。このように三つの関係における優先・尊重の原理は、当該社会の家族構造を規定することになる。とすれば、家族構造は、それぞれの社会における社会構造（人間関係における基本原理）を表現していることになる（蒲生、1979：26−30）。

　吉田秀夫と三浦文夫は、この家族構造を「家族形成習慣体系」（どのような家族をつくるかという考え方あるいは態度）という言葉で表現している（吉田・三浦、1973：286）。

　また、上子は、「規範的要素」と「状況的要素」に関して、つぎのような議論を展開している。上子は、「戦前でも核家族が半数以上を占め、直系家族は三分の一にもみたなかった。この事実は、規範または理念としての家族構成型と、現実または形態としての家族構成型を区別すべきことを教える。この場合、理念と現実の食い違いは主としてつぎの二つの原因から生まれる。一つは生物学的な原因である。世帯主夫婦の父母がすでに死亡し、子どもが無いか、またはまだ結婚していない場合、その家族は必然的

に核家族の形態をとる。

　いま一つは制度的な原因である。直系家族制度では、長男だけが親と同居し、二、三男以下は新しい家族をつくる。この新しい家族も、つぎの世代が成長して結婚するまで、不可避的に核家族の形態をとる。国民のほとんどすべてが、直系家族制度を当然のこととし、実践していた戦前においてもなお、形態としての核家族が全家族の半ば以上を占め、形態としての直系家族がおよそ三割にすぎなかったのは以上のような生物学的および制度的原因のためである。

　かくて、現在は核家族の形態をとっている家族のなかにも、直系家族志向のものが少なくないと推定できる。そしてこの推定は親子の同居・別居に関する多くの世論調査の結果などによって支持されている。ほとんどすべての調査において、回答の年齢別・性別にかかわりなく、同居を希望あるいは当然視する回答者が、別居を希望あるいは是認する回答者よりもはるかに多い」（上子、1981：10-12）と述べている。

　これは、日本の家族構造の見方を提示したものであり、本書の課題解明にとっても示唆的な見解であると、私は考えている。

2．日本家族論の成果と課題

　日本に関する実証的研究は、1930年代に開始され現代に至っているが、その間に展開されてきた研究成果を「日本家族論」とすれば、それは、つぎのようになる。

　ここでは、高度経済成長以前に存在していた家族構造を家族の基本構造とし、このような考え方に基づいて展開されてきた日本家族論をみると、家族の基本構造は、三つ存在したことになる。この家族構造が今日どのように構造的に変化したかを整理すると、日本家族論はつぎの五つになる（表2-1）。

　なお、ここでいう家族構造とは、家族形成習慣体系（家族形成規範）のこ

表2-1　日本家族論

基本構造	構造的変化の方向	
	不変（連続性）	変化（転換）
夫婦家族制	「同質論」Ⅰ	―
直系家族制	「同質論」Ⅱ	「変質論」Ⅰ
直系家族制＋夫婦家族制	「異質論」	「変質論」Ⅱ

とであり、構造的変化とは、家族形成規範が変化することを意味している。したがって、不変（連続性）とは、家族の基本構造が構造的に変化していないことを、変化（転換）とは家族の基本構造が構造的に変化したことを意味している。

（1）「同質論」Ⅰ―家族の基本構造は夫婦家族制であったが、この家族構造は今日においても構造的に変化していないとの考え方。

（2）「同質論」Ⅱ―家族の基本構造は直系家族制であったが、今日においても構造的に変化していないとの考え方。

（3）「変質論」Ⅰ―家族の基本構造構造は直系家族制であったが、今日では夫婦家族制へと構造的に変化したとの考え方。

（4）「異質論」―直系家族制が基本構造であるが、夫婦家族制も併存していた。この併存構造が、今日でも構造的に変化していないとの考え方。

（5）「変質論」Ⅱ―直系家族制を基本構造にしながら夫婦家族制も併存してきたが、今日では夫婦家族制が直系家族制へと構造的に変化する可能性を内包しているとの考え方。

この考え方を代表的な研究者（専攻分野）でみると、「同質論」Ⅰは黒田俊夫（人口学）の主張、「同質論」Ⅱは有賀喜左衛門（農村社会学）、中根千枝（社会人類学）、原田尚（社会学）の見解、「変質論」Ⅱは戸田貞三、森岡清美（家族社会学）、喜多野清一（農村社会学）に代表される大多数の家族社会学

者と農村社会学者の考え方、「異質論」は岡正雄（民族学）、蒲生正男、上野和男（社会人類学）、関敬吾、大間知篤三、宮本常一、竹田旦（民俗学）、内藤完爾、土田英雄、光吉利之（家族社会学）、武井正臣（法社会学）、岡崎陽一（人口経済学）、大友篤（人口地理学）、宇佐美繁（農業経済学）の見方、「変質論」Ⅱは江守五夫（社会人類学・法社会学）の認識になる。

　それでは、五つの家族論は、どのような家族認識に基づいて形成されたのであろうか。

　この点について、つぎに順次紹介することにしたい。

2−1　「同質論」Ⅰ

2−1−1　黒田俊夫の見解

　黒田（人口学）によれば、「家族構造が氏族から拡大家族へ、そしていわゆる核家族へと転換してきたと主張する進化論的段階理論は、社会学者や社会人類学者によって広く支持されてきた。また、家族形態が核家族へと普遍的に収斂することを主張したGoodeの収斂理論（Convergence Theory）も注目を惹いた。

　しかし、私は、これらの理論は少なくとも日本や中国には必ずしも適用されがたいものがあると考えている。そしてまた、中国や日本において過去の長期間にわたって大家族制度が支配的であったとする説に対しても批判的である」（黒田、1992：219）としている。さらに、このように考える論拠として「日本の家族制度は第2次大戦後において、拡大家族制度から夫婦と子供を中心とした核家族制度に大変化した、というのが広く主張されている見解である。もちろん、核家族における夫、妻、子供の地位と役割、そして家族周期が大きく変化したことを否定するわけではない。しかし、家族形態に関する限り、本質的なあるいは支配的な家族形態についてはなんら変化がみられない。日本の国勢調査による統計的データは、核家族システムの連続性を明らかに示している。1920年において、核家族の占める割合は54％であって半分以上を占めていた。この割合は最近の1975、1980、

1985年の国勢調査結果の数値とほとんど変わらない」(黒田、1992：220)ことを挙げている。

これは、家族構成から家族構造を判断することによって生じた見解(誤解)である(上述した上子の見解を想起されたい)。

2-2 「同質論」Ⅱ

2-2-1 中根千枝の見解

中根千枝(社会人類学)によれば、「隠居制については、古くから民俗学、民族学の分野でとりあげられ、応々にして地方的特殊な制度として注目されて来たが、これは要するに、世代の異なる夫婦が同一家屋で起居を共にしないという居住形態の処置である。家長権を息子夫婦にゆずり、同一敷地内の小屋に移り住むのであるが、これは『家』(社会単位)の中の処置であって、この居住形態は何ら『家』構造に支障を来すものでないばかりか、家長を中心とした『家』の構造がはっきりあらわれている」(中根、1964：104)としている。さらに、「筆者の構造的範疇の設定によれば、A＝小家族、B＝兄弟(姉妹)の連帯による大家族、C＝父―息子の継承線を基盤とする家族ということになる」(中根、1970：35)が、「日本の家族においてはあらゆる場合に、一般的に、"家制度"とよばれる父―息子という継承線を基盤として、存続を前提とする家族制度がみられるのであるが、このような"家"の継承という徹底した家族制度をもった社会というものを私は他に見出すことができない」(中根、1970：110)と述べている。

このような見解をとる中根は、隠居制家族が存在している地域について調査経験を有していない。このことが、こうした見解を提示するに至ったと考えられる。

2-2-2 有賀喜左衛門の見解

有賀喜左衛門(農村社会学)によれば、日本の家族、「家の内部における人間関係の広汎な変化——一般に民主化といわれる—にもかかわらず、前

にも述べたように、家は完全にはまだ崩壊していないと私は見る」(有賀、1972：28) としている。

この有賀の見解も、主に東北日本の家族を調査してきたことに起因していると推察される。

2－2－3　原田尚の見解

原田尚（社会学）によれば、「核家族化には二つのパターンが考えられる。一つは、核家族が構成比を増大させていく一面、拡大家族の崩壊傾向と核家族至上主義イデオロギーへの変化をともなうパターンであり、一つは、単なる核家族の構成比のみを増加させる擬制的な核家族化のパターンである。後者は、子供が成人して新しい核家族を創設するケースが増大することのみによって成立する。すなわち高出生率等の結果結婚年齢人口の構成比が肥大しているという人口構造上の与件のみによって成立しうるものである。日本の核家族化は、産業側からの需要が拡大家族の崩壊やイデオロギーの変化を媒介することなく、直接人口構造上の与件と結びついた結果であり、後者のパターンであると考えられる」(原田、1978：59) としている。この人口構造上の与件については、つぎのように述べている。「人口構造上の与件とは、次の事情をいう。昭和24、25年までの人口のピラミッドは典型的な富士山型であった。これは主に戦前の多産多死、戦後のベビーブームと乳幼児死亡率の低下によるものである。その後出生数の減少をみたため昭和50年のピラミッドは、26歳人口を頂点とし、23、24歳から40歳前後までがとくに肥大している。昭和22年の20～34歳人口1,770万人にたいする35年の同年齢人口の増は635万人、35年にたいする50年の同年齢人口の増は518万人に及び、35年以降15年間の婚姻件数は1,481万件に及んでいる。これに加えてこの時期に結婚年齢にあたった人々の母親の出産力が高く、親を同居扶養する必要のない子が多いことから、核家族世帯急増の人口学的条件は整っていた」(原田、1978：65) と述べている。

これは、人口学的条件の変化が家族構成に影響を与えたことの見解であ

り、家族が構造的に変化したとの考え方ではない。そこで、ここでは原田の見解を「同質論」Ⅱとした。

　以上「同質論」Ⅱを支持する研究者の議論を紹介してきたが、これは、日本家族の全国的状況（平均像）を説明する理論である。したがって、日本国内に存在する地域性については、ほとんど関心を示していない。そこで、つぎに地域性に大きな関心を寄せてきた考え方を紹介することにしたい。

2－3　「異質論」

2－3－1　関敬吾の見解

　関敬吾（民俗学）によれば、「日本の家族の特徴をしばしば系譜的直系家族と言われている。系譜的家族形態は日本の家族の一つの特徴であろうが、しかしこれを基礎として未婚の子女を含む単純家族をもって系譜的家族の歴史的変化形態として捉え、これをもって近代家族だとただちに言うことはできない。日本には二夫婦の同居を忌む慣習が存在し、また長男が結婚すると、親は二男以下をつれて隠居別家する慣習もある。こうした慣習の存在するところでは、必然的結果として単純家族が成立する。これらの問題は、社会的・宗教的・経済的諸条件との関連において考察しないかぎり、単純家族をもって系譜的家族の発展ないし変化形態とただちに規定することはできない」（関、1958：26－27）と述べている。

　ここで、関が述べている「系譜的直系家族」は「直系家族制」、「単純家族」を「夫婦家族制」と読み替えれば、日本には二つの異質の家族構造が共存しているとの見解になる。

2－3－2　岡正雄の見解

　岡正雄（民族学）によれば、「民俗学＝民族学的方法と先史学的方法とを併用して、私はおおよそ次のような種族文化複合を摘出し、その再構成を試みた。

（1）母系的・秘密結社的・芋栽培―狩猟民文化

（2）母系的・陸稲栽培—狩猟民文化
（3）父系的・「ハラ」氏族的・畑作—狩猟民文化
（4）男性的・年齢階梯的・水稲栽培—漁労民文化
（5）父権的・「ウジ」氏族的・支配者文化」(岡、1958：7)とし、さらに、「男性的・年齢階梯制・水稲栽培—漁労民文化」については、つぎのように述べている。「この文化のいちじるしい特徴は、分散的といってもよい傾向ないし癖である。一軒の家に二世代の複数夫婦が住むことをきらい、息子が嫁をとると親夫婦は隠居別居するが、息子夫婦が別に婚舎をもつか、いわゆる世代別居に関連する家慣習。若者宿、娘宿、寝宿。産屋、月経小屋、喪屋。これらは、すべてこの文化に特有のものであったろう。成年式、成女式習俗もこの文化と深く結びついている。東北地方の同族団においては、父系的系譜的関係を結合のきずなとして凝集し、包括する傾向がいちじるしいのに対して、これとはまったく対照的な分離・拡散的な性格をもっている。屋敷内に、生活の機能や目的に応じて、それぞれ分離・独立の構造物を建てる癖のある文化形態も、この社会構造上の傾向に即応している。八丈島では屋敷内には、おも屋、隠居屋、高倉、炊事小屋、便所、厩屋、風呂屋などが分立して建てられ、産屋、月経小屋もかつては存在した。東北の同族団にみられるような大家族制、直系はもとより傍系、非血縁者をもかかえこんで共住させ、便所も炊事場も厩屋も一軒の屋根の下に包括するような大家屋は、けっして建築技術の問題ではなく、その文化形態の性格によるものだろう。こうした分離・分散の傾向は多かれ少なかれ、年齢・世代原理のおこなわれている地域に存在するのではないかと思う」(岡、1958：12-13) と述べている。

このように、「日本固有文化は、以上のごとく、多元的累積的構造を有し、基礎構造として、上述のほぼ五つの種族文化を主たる成分として成立している。将来の研究において、これら五つの種族文化複合が修正され、あるいは放棄され、新たなに、新しい種族文化複合が提起されるであろう。私の説も作業仮説的性格をもち、一面、問題提起の意味を含むわけである。

これとともに、私は日本固有文化、すなわち民俗学が取り扱うさまざまな信仰形態、宗教儀礼、社会制度、習俗などが、すべて同系、同質の民俗文化に発し展開したものと、頭から前提し、そしてこの立場から個々の民俗を解釈し説明することの危険について注意を喚起したかったのである」（岡、1958：21）としている。

これは、岡がウィーン大学に提出した学位請求論文（『古日本の文化層』）をめぐって1948年に開催された座談会で報告された内容を論文としてまとめたものであり、日本家族の地域性についての研究を推し進める契機となった。[3]

2-3-3　大間知篤三の見解

大間知篤三（民俗学）によれば、「これまでの日本の家では、一家の者たちが一部落とか一つの町という小さい区域内に住んでいるかぎり、一つの世帯で暮らそうとする傾向が強かった。一家は一つの竈を中心にして寝食をともにし、同居同財の生活をするのが当然であるとする人が多かった。一子残留による直系親族の集団としての家が、単世帯で生活することを望ましいものとしてきたばかりでなく、多子残留による大家族でも、多くの傍系親族をふくみ、非血縁者をふくみ、それらの夫婦、それらの子女をふくんで、構成のきわめて複雑なものとなっていても、なおかつ単世帯制であることが望ましいものとされていた。このような家の在り方を、単世帯制と総称することができよう。それに対して、一家が同じ部落、一つの屋敷内におりながら、その直系親族までが夫婦単位に棟をわかち、煮炊きを別にし、多少とも生計単位としての独立性を持った世帯に分けて暮らす慣習がある。これを家の複世帯制と呼ぶことにする。複世帯制はまた、主屋を出て別世帯をつくるものがだれかということによって、親別居の形式と、嗣子別居の形式との二種類に大別することができる」（大間知、1962：220）としている。

ここで言う「単世帯制」を「直系家族制」、「複世帯制」を「隠居制家族」

(「夫婦家族制」)とすれば、日本には、異なる家族構造が併存していたことになる。この大間知家族論は、1930年代に柳田國男が中心となって実施した「日本僻諸村の郷党生活に関する調査」を踏まえて展開されたことになる。
(4)

2-3-4　蒲生正男の見解

蒲生正男(社会人類学)によれば、「私は伝統的な日本の家族をつぎのように類型化することも可能であると考える。

家族型	名　称	指　標	分布地域
I	(拡大型)	姉家督もしくは配偶者を持った兄弟姉妹の同居と親夫婦と子供夫婦の同居	主として東北日本
II	(直系型)	長男相続と親夫婦と子供夫婦の同居	全国的
III	(核心型)	末子相続もしくは隠居制(世代別夫婦の別居)	主として西南日本

『拡大型』は親夫婦と子供夫婦の同居ということ以外に、何らかの方法で家族規模の拡大が内面的に意図されてきたものである。これに対して『核心型』は、末子相続もしくは隠居制によって、家族規模の縮小が結果として導きだされているものと言えよう。戦前の日本社会にあっては、公権力を背景として『直系型』家族が理想型もしくは平均型として与えられ、かつ多くの人びとの頭のなかにえがかれてきた。しかし現実にはこの種の理想型もしくは平均型からはずれた『拡大型』とか『核心型』の変型の存在もあったし、それは部分的にせよ今日の時点までその存続を許してきた。これらの変型は量的に微弱であるにせよ、伝統的な家族の一つの型として無視するわけにはいかないものである。何故なら上の家族の三型は、いずれもその起源をたずねることが出来ない程古く、かつそれぞれの構造が異なるからである」(蒲生、1966：7)としたが、その後、「日本の伝統的な家

族は、与えられた条件のなかでより適合的に生きるべくさまざまな家族制度とかかわりながら、一時的にせよ拡大指向を意図した家族、現状維持に徹底しようとする家族、一時的にせよ縮小指向を意図した家族とが存在してきたとみなされる。具体的に拡大指向型とは、姉相続もしくは配偶者をもった兄弟姉妹の同居と、親夫婦の子供夫婦の同居などを特徴とするものである。現状維持型は、長男相続を基盤として親夫婦と1組の子供夫婦の同居を特徴とする。そして縮小指向型は、末子相続もしくは隠居制などを特徴とする」(蒲生、1979：27-28) とし、「ここでいう隠居制度とは、夫婦単位の別世帯制であり、たとえば子供が結婚すれば親夫婦とは少なくとも食事を別にする慣行である。その典型とも言うべきものは、土地をはじめとする財産、住居、食事のいずれかを分離してしまうものであるが、そこまで徹底しないまでも食事を別にするだけの広義の隠居制を考えておきたい」(蒲生、1979：27) と述べている。このような見解を踏まえて、さらに、「ともあれ日本基層文化の家族には、家として認められているような、土地、家屋、家名などの単性的相続、継承を特徴とした。結果的に付与された差別的価値の永続化を意図したものと、それとは別に必ずしも'家'とは認められない伝統的家族も存在してきたのであり、この差異は単なる地方的、生態的偏差というより、しばしば諸民族間の文化の差に対応する根深いものと言うべきであろう」(蒲生、1979：30) としている。

これは、実証研究を踏まえて展開した家族構造論であるが、岡正雄の考え方を継承・発展させた見解であるとも言えよう。[5]

2-3-5 武井正臣の見解

武井正臣 (法社会学) によれば、「わが国の家族は、その構造・機能が『家族制度』的、『家』であるというのが従来の一般的見解であった。……しかし、近来の諸研究の結果によると、日本のすべての家族が上のような意味における『家』的家族ではなく、『家』的でない家族が、近代以前から現在に至るまで、日本の西南地方に広く分布していることが知られるよう

になった」(武井、1971：225) とし、さらに、「日本の庶民の家族類型には東北日本型 (『家』的) と西南日本型 (非『家』的) という二大類型があるということになるであろう。また両類型とも近代以前に形成されたもので、そういう意味では伝来的あるいは固有の家族類型といってよい。この二つの固有の家族類型は、ともに、明治以降近代化の波に洗われて、漸次その固有性を失い、資本制社会に適応するための新しい家族形態に自らを変容させてきた。したがって、現在の家族形態は、西南型においても東北型においても、それぞれの典型に近いものから、全く新しい型に変わったものに至るまで、無数の変化型において存在している。しかしこの変化型は、固有の家族類型とこれに加えられた新しい条件の作用力の相関関係において成立したものであるから、それぞれの原型である西南型あるいは東北型家族類型の考察をぬきにして、その正当な認識をえることはできない」(武井、1971：226) と述べている。

　これは、法社会学の分野でも家族構造に地域性が存在することを明らかにしたことになる。

2－3－6　内藤完爾の見解

　内藤完爾 (家族社会学) によれば、「私が九州の隅々で体験してきた家族とその慣行とは、旧民法が規定し、したがって、通日本的に妥当するとされる、いわゆる『家』と『家』制度に照準を合わせてみると、どうも理解しにくいものを持っている」(内藤、1978：3) し、「東北には『無隠居地帯』が広く展開しております。すなわち戸主は、死ぬまで戸主の地位にとどまる地帯のことでありまして相続ということからすれば、死後相続、いわゆる『死に譲り』ということになります。ところが九州の西南部では、隠居分家のような特殊なものまで含めて、戸主はさっさと隠居してしまいます。もっともこの隠居は『楽隠居』ではなくて、一生懸命働かなくてはなりません。しかも老後は、子どもの世話にならない『完全隠居』も出てまいります。これらが『隠居制家族』といわれるゆえんであります」(内藤、1978：

10)としている。「おわりにひとこと、……『家』理論は、日本社会学が世界に誇りうる金字塔と、私は考えております。ただ日本の津々浦々の家族までが、この『家』という性格を持っているか、私は、これには疑念をいだいているひとりであります」(内藤、1978：10)と述べている。さらに「日本の伝統的家族は、親夫婦と長男夫婦の終生的同居を慣行としてきた。すなわち直系家族の姿である。そして法律(旧民法)も、長子家督制度によって、この慣行を支持してきた。そうした現実をふまえたとき、本稿の『日本の伝統的核家族』という表現は、おそらく異様に映るであろう。けれどもそうしたタイプの家族が、九州の西南部には現存している。しかもこの家族は、最近の核化によるものではない」(内藤、1985：42)としている。

　内藤は、南九州における末子相続、隠居制家族について調査研究を実施してきた。これは、その調査分析を通じて導き出した見解である。

2－3－7　光吉利之の見解

　光吉利之(家族社会学)によれば、「日本の伝統的家族の原型をイエとして捉え、現実に存在している家族構造の差異を規範的要素と状況的要素の緊張関係によって説明することは可能である」(光吉、1979：39)が、「イエを原型として日本の家族文化を一元的に把握するという発想には一つの疑問が残されていることもたしかである。西南日本の僻地地帯には、イエとは対蹠的に父と息子二代の夫婦の同居をできるだけ避けようとする家族規範が支配的であり、イエに発展する内的契機を内在させていない家族が存在するといわれる。このような地域的差異をたんなる家族の発展段階の相違に帰するか、あるいは、それぞれの地域に独自な歴史的個性ないし家族文化をしめすものと考えるべきなのか。一元的な発想にはこのような問題が残されている」(光吉、1979：39)と述べている。

　光吉は、「変質論」Ⅰの立場に立っていたが、その後、このような見解を提示している。

2－3－8　土田英雄の見解

土田英雄（家族社会学）によれば、「日本の伝統的な家族に顕著にみられる特性を『家』の概念でとらえるならば、『家』は普遍的な家族概念を日本社会の中で特殊的に限定した概念として考える必要がある。すなわち、『家』は日本的特殊性を表現している家族の一類型であり、具体的には日本の伝統的家族の一部にその典型がみられる。しかし、多くの場合、日本の伝統的家族のすべてを『家』家族によって代表させていたがために、その地域差や階層差を無視する傾向が強かった」（土田、1981：254）が、「日本の伝統的家族を『家』的家族と関連させてとらえるならば、そこには典型的な『家』的家族（『家』制度依存家族）と、隠居複世帯制の準『家』的家族（過渡的中間的形態）と、さらに『家』の理念からはほど遠い非『家』的家族（『家』制度逸脱家族）の三類型を区分することができる」（土田、1981：255）としている。

これは、土田が隠居に関する調査研究から導き出した見解であると言えよう（土田、1971、1976、1980）。

2－3－9　宮本常一の見解

宮本常一（民俗学）によれば、「家族構造や社会構造のようなものになると、それは、基本的な生活のたて方の問題になるので一つの社会から他の社会へそれほどたやすく移行するものとは思われない。年齢階梯制のようなものもその一つであろう。その濃厚に見られるのは近畿を中心にした西日本である。人は生まれて死ぬまでにいくつかの通過儀礼をうけて乳児が少年になり、青年になり、壮年になり、老年になっている。そして年齢階梯制のはっきりしているところでは老人は社会的に尊ばれ、その発言権も大きい。……その場合、その家が古くから村に住んでいる事が条件になり、家が本家か分家であるかはそれほど問題にはならない。そしてそういうところには多くは別居隠居の制が見られる。別居隠居というのは年寄が主家とは別棟の家に住むものである」（宮本、1981：84）が、「それに対して長子

相続制は東北・北陸に濃く、関東で発生した武家社会もこれであり、西日本でも源平戦後鎌倉武士が守護地頭として下向し定住し、かつ繁殖したところには長子相続制や本家を中心にした同族結合のつよい村が見られるのである。こうして東西次第に入り交りつつあるけれども、もともと東と西はちがった社会、家族構造をもっていたことが推定せられる」(宮本、1981：85-86)と述べている。

　周知のように、宮本は、日本の全村を踏査したと言われている。この宮本の知見は、このような調査に基づいたものである。とすれば、極めて説得的な見解であると言えよう。

2-3-10　大友篤の見解

　大友篤(人口地理学)によれば、「近年における地域の世帯構成の特徴は、全般的には、核家族化や単世帯化といった世帯規模の縮小の方向にむかっている点また、農家世帯数の減少と非農林者世帯数の増大の傾向とともに非就業者世帯の急増傾向にあるとみられるが、これらの変化傾向は、とくに西日本と大都市地域において顕著であることが認められる。また、人口の年齢構造の老齢化傾向とも関連して、とくに老人世帯についてもこうした傾向や地域パターンが顕著に認められる。東日本と西日本におけるこのような世帯構造とその変化の差異は根本的には過去における両地域の家制度の差異によっているものと考えられるが、それは、また、地域の人口の社会的構造の差異を反映しているともみられる」(大友、1982：120)としている。

　これは、人口地理学の分野にも家族構造に地域性が存在することを明らかにした研究者が存在することになる。

2-3-11　岡崎陽一の見解

　岡崎陽一(人口経済学)によれば、「最近の家族論によると、わが国の家族の構造には二つの異質の構造があり、それらが、東北日本と西南日本に

分かれて分布しているという説が有力になってきている。すなわち東北日本には『直系家族制』家族が、西南日本には『夫婦家族制』がそれぞれ基本構造として分布しているというのである。直系家族制というのは、親子中心型であり、老親との同居を原則とする家族制度であり、夫婦家族制というのは、夫婦中心型で、老親との別居を原則とする家族制度である。一般には、直系家族制は古い家族制度であり、夫婦家族制は新しい家族制度であって、時代の推移とともに直系家族制から夫婦家族制へと移行するのが歴史の発展法則である、と考えられてきた。しかし、われわれが……確認してきたところによれば、この二つのタイプの家族は、同時的に、地域を異にして東北日本と西南日本に存在しているというのが現実である」（岡崎、1982：131-132）と述べている。

これは、人口学（人口経済学、人口地理学）の分野でも家族構造が、地域を異にして分布していることを明らかにしたことになる。

2－3－12　上野和男の見解

上野和男（社会人類学）によれば、「家族構成にもとづく蒲生正男の家族類型のひとつの問題点は隠居制家族の意義についてである。隠居制家族はのちに分析するように、家族としてはひとつでありながら、その内部において一般的には親夫婦と子供夫婦が別々の生活単位を構成する家族制度である。これを夫婦家族的構成をとる家族とともにひとつの類型としての核心型家族に含めることはさまざまな点で無理があるように思われる。したがってこれを独立の類型として、日本の家族類型を『拡大型』『直系型』『隠居型』『核心型』の四類型として考えることが妥当であると思われる」（上野、1986：31）とし、「次に家族内部における人間関係のあり方、すなわち親子関係と夫婦関係の対比という視点から日本の家族の類型化を試み、その地域差を考察してみたいと思う。ここでの家族の類型化の基準は、①家族内において親子関係と夫婦関係のいずれが制度的により強調されているか、②親子関係のうち、父子関係と母子関係のいずれかもしくは双方が

より重視されているかの二点である。①の基準によって日本の家族は親子関係をより強調する親子中心型家族ないしは親子家族と、夫婦関係をより強調する夫婦中心型家族ないしは婚姻家族の二類型に分けることができる。先に示した家族構成にもとづく四つの家族類型のうち、拡大型と直系型は親子中心型家族であり、隠居型と核心型は夫婦中心型家族である」(上野、1986：31-32)と述べている。

　これは、蒲生正男の家族類型論を継承・発展させた注目すべき見解である。

2-3-13　宇佐美繁の見解

　宇佐美繁(農業経済学)によれば、「各地域類型を家族形態から再規定すると、

　東日本型：二世代夫婦の同居を基本形とし、55％以上の農家で夫婦とあとつぎが同居している地域。東北がその典型で、北陸、北関東、南関東、東海、山陰に及んでいる。

　南方型：二世代夫婦の同居が例外的存在で、世帯主夫婦を中心とし、同居あとつぎがいない農家が65％以上に達する地域。南九州、沖縄の別居隠居慣行地域である。

　西日本型：二世代夫婦の同居率が低く、同居あとつぎのいない農家が50％の地域。小家族分立の伝統をもつ山陽、四国がその典型であり、北九州、東山もこの類型とみてよい。過疎化の進展によって『世帯主夫婦のみ』、『単身世帯主のみ』の農家が大量に形成された。

　近畿は東日本と西日本の中間に位置している。別居隠居慣行があった和歌山のような西日本型の県と、滋賀のような二世代夫婦同居を基本とする東日本型が混在していることにもよるだろう。

　北海道型：1960年以降の激しい階層分化の下で、二世代夫婦同居が急速に崩れ、世帯主夫婦を中心とする家族形態へ移行した地域。あとつぎ層の離村によって、世帯主夫婦のみの世帯、世帯主夫婦と老親が同居している

世帯の比率が高い。

　以上のように、日本農村の家族構成は、近畿で交錯する東日本型大家族地域と西日本型小家族地域の2類型に代表され、南に南方型、北に北海道型の特異な小家族地域が加わって4類型に区分される。東日本に位置しながら西日本型の特質をもつ東山については、別居隠居慣行を含めて別途に考察する必要があろう」(宇佐美、1992：224-225) と述べている。

　これは、「農林業センサス」の分析から得られた知見である。ともあれ、この見解をみると、農業経済学分野でも、家族構造に地域性が存在していることを明らかにしたことになる。

　なお、東山とは、山梨県と長野県をあわせた地域のことである。

2-3-14　竹田旦の見解

　竹田旦（民俗学）によれば、「日本の伝統的家族については、明らかに地域差が認められる。すなわち東北日本型家族と西南日本型家族の二類型に大別され、前者は地域的には東北地方や北陸地方に、後者は四国地方・九州地方や太平洋沿岸・島嶼部に顕著に分布している。両類型の特徴を要約して指摘すれば、表のようである」(竹田、1995：339) としている。

表2-2　日本の家族の地域差（東北日本型家族と西南日本型家族）

	東北日本型家族	西南日本型家族
（1）家族構成	直系家族による三世代同居	夫婦家族（核家族）による世代別別居
（2）相続・継承	単独相続、長子継承の特徴	分割相続、末子継承・隠居分家の特徴
（3）家長権譲渡	「死譲り」「無隠居制」	「生譲り」、各種隠居慣行の発達
（4）婚姻習俗	仲人婚・嫁入り婚・村外婚	恋愛婚・妻問い婚・村内婚

（出典）竹田旦、1995、『祖先崇拝の比較民俗学―日韓両国における祖先祭祀と社会―』吉川弘文館、340頁。

　これは、大間知、宮本、竹田が同じような見解を示していることになる。

2－3－15　速水融の見解

　速水融（歴史人口学）によれば、「今までの観察結果に、相続、継承の特質を加え、三つの地域の人口統計および家族構造上の特徴を簡潔な言葉で示した。ただし、この三つの地域には、画然とした境界があったわけではなく、実際には、移行地帯や例外があった。また、『早い』、『晩い』『少ない』『多い』という表現は、日本国内の相対的な状態を示す形容である」（速水、2001：27）としている。(6)

表2－3　3地域の家族・人口指標

地　域	東北日本	中央日本	西南日本
出現家族の形態	直系家族	直系＋核家族	直系＋核＋合同家族
相続形態	単独相続	単独＋不平等非単独	単独＋平等
継承形態	長男（長子）	長男（末子）	長男（末子）
平均世帯規模	大	小	大
平均初婚年齢	低	高	高
第一子出産年齢	低	高	中
出生数	少	多	多
最終出産年齢	低	高	高
婚外子出生数	少	少	多
女性の地位	低	高	高
出稼ぎ	少	多	少
出稼ぎの時期	結婚後	結婚前	結婚前
都市化	低	高	低
人口制限	多	少	少
人口趨勢	減少	停滞	増大

（出典）速水融、2001、「歴史人口学と家族史の交差」速水融・鬼頭宏・友部謙一編『歴史人口学のフロンティア』東洋経済新報社、28頁。

　このように「異質論」は、多くの学問分野で支持されてきた理論であるが、その理論形成における特徴は、実証研究に基づいていることにある。にもかかわらず、この考え方は、家族研究者のごく一部の研究者に支持さ

れているに過ぎない。それは、日本の家族研究者が理論形成の方法論に無頓着であったことに存するように思われる。

2-4 「変質論」Ⅰ

2-4-1 戸田貞三の見解

戸田貞三（家族社会学）によれば、「わが国民の形づくっている家族は、……一方家族に固有なる性質を持っていると同時に、他方家族団体の存続を重要視する家長的家族の性質を帯びている。前者には家族構成員の種類と員数との著しき複雑化を防がんとする傾向があり、後者にはそれの著しき単純化を防げんとする傾向がある。わが国の家族はかくのごとき二つの性質を備えているが故に、たとい家族外に存する社会関係の消長いかんによって家族員たり得る近親者の範囲は何程か伸縮するとしても、しかもそれは一定の限界以上に拡大または縮小し得ないようになっている」（戸田、1937：416）とし、さらに、「まず近代的産業機関が起こる以前におけるわが国の家族について観るに、各家族はその家族員を吸収し得る家業を持ち、家長的家族の諸機能を充分に実現し得る条件を備えていた。この事実よりして観れば前代の家族は現代のそれよりは一層多くの種類の近親者をその構成員としており、過去に遡れば遡るほどわが国の家族は種々の種類の近親者を多くその中に包容していたであろうと考えられやすい。しかしいかに家長的家族の傾向が強くあらわれ得る条件の備わっていた時代においても、またいかに家族外の諸社会関係へ人々が吸収せられることの少なかった時代においても、その時代の家族が家族に固有なる性質を持ち、感情融合にもとづく小集団として存立していた限り、その構成員となり得た近親者の範囲には一定の限界があったであろう。極めて特殊なる場合には例外的に数世代にわたる世帯主の直系ならびに傍系親等が同一家族の構成員となっていたこともあるだろうが、大多数の家族は主として世帯主の直系親およびその配偶者等によって構成され、世帯主に対して感情的に隔てを置きやすい種々の傍系親、殊に世帯主の第二または第三傍系親等がその構成

員となっていたような場合は比較的少なかったであろう」(戸田、1937：416-417) と述べている。このように家長的家族にも「家族の集団的特質」が内在していることを説いている。戸田は、このことに関連して「近代的家族」について、つぎのように論じている。戸田によれば、「最近に到るまでの傾向からみれば、近代的産業機関が多く設立されているところ、人々の交通機関が拡がり、各家族の所属員が多の人々と頻繁に接触し得るようになっている地方では、家業は圧縮せられ、家族員は漸次家族外に吸引せられ、近代都市においてみられるごとく、家族構成員の範囲は世帯主に最も近い少数の近親者だけに限定せられつつある。この傾向よりすれば、将来家族の外側に諸種の産業機関およびその他の社会関係が増加し、人々相互の接触交通が容易になるにしたがい、家族構成員の範囲は次第に縮小するもののように考えられる。しかしながらこの家族構成員の範囲は無制限に縮小するものではない。いかに家業は圧縮され、諸種の産業機関が多く設立せられ、人々が家族外の諸社会関係へ多くの関心を向けるようになるにしても、家族に固有なる機能は他の社会関係によって容易に実現され得るものではない。したがって人々がこの機能に執着を持つ限り、夫婦および親子関係にある者を中心とする家族生活は常にあらわれ得べく、家族はこれらの関係にある者のいずれかを排除し、その構成員の範囲をそれ以上に狭く制限するがごときことはないであろう」(戸田、1937：426-427) としている。

　この見解は、家族が「家長的家族」から「近代家族」に移行する可能性について論じたものであるが、こうした家族の構造的変化は、家族がもつ集団的特質によってもたらされると、戸田は考えた。

2-4-2　鈴木栄太郎の見解

　鈴木栄太郎 (農村社会学) によれば、「日本国民の戦前と戦後の最大の相違は、直系家族制のあったこととなくなったことである。日本人の心の一変を意味している。人生観、社会観、生活原理の大変革であるというべきである。これにまさる大変化は明らかにないといえる。社会学的見地より

の変化である。法学者は国際関係において民主社会になったことと平和国家になったことを最大の変化とみているが、社会学者の眼には家族制度の変化を最大の変化とみるべきである」(笹森・富川・藤木・布施編、1975：176) としている。

これは、農村社会学者も戦後になると、家族構造が構造的に変化してきたとの認識を示したことになる。

2−4−3 喜多野清一の見解

喜多野清一(農村社会学)によれば、「家は同族組織というより大きい制度の構成単位として成立しますが、かく成立しますと、それは自らの永続を要求することとなり、またこの組織の中に位置を持っている限り、それが中絶したような場合でも、機会があると再興されることが見られ、しかもそれが血縁関係を持たぬものによって再興される場合が珍しくありません。また家族として破壊された極めて不完全なものであっても、例えば幼い孤児のみが残っていて、家族生活としては他家に養育されるような場合でも、家として完全な存在であることを主張する場合もあります。このような要求は家の要求であって、核としての家族の本来の集団的性格から出る要求ではありません。いわゆる欧米のファミリーに見られるところの、そして現在ではわが国においても支配的になろうとしているところの小家族形態の家族は、夫婦結合を中核としてその直系親―特にその未婚子女―を結合した小さな共同体として縮約しようとする性格を集団結合自体の本質として持っていると思うのでありますが、このような集団的性格には……家としての要求が固有に内包されているとは考えられません。それはより上級の家族制度の単位としての家と結合して生まれる要求であると考えられます。ところが同族組織の単位の家はこのような家ではありますが、しかし現実にはここに述べました核としての小家族によって、あるいはその複数の結合によって、荷担されて存立しているものであります。現実の家共同体はこの二つのものが不可分に結合して営まれていると言わなけれ

ばならないでありましょう」（喜多野、1951：179-180）と述べている。

このように家（「直系家族制に基づく日本の家族」）は、家的性質と家族（「夫婦家族制」）的性質を内包（二重性）している。したがって、直系家族制による日本の家も、夫婦家族制に縮約する性質を有している。日本の家族が、時代の変化によって直系家族制から夫婦家族制に変化するのは、このような性質を家族が内包していることに起因すると考えた。これは、喜多野が、戸田貞三の小家族結合論に依拠して展開した考え方であると言えよう。

2－4－4　小山隆の見解

小山隆（家族社会学）によれば、「親子中心家族がうたわれた日本でも、現実には核家族の数量的優位を疑う余地はない」（小山、1962：15）。「わが国では、過去においても核家族が制度や慣行として支持されることはなかった」（小山、1971：51）と述べている。

小山は、日本における大家族制の研究を推進してきた研究者であるが、戦後になるとアメリカ社会学の影響をうけてきた。この見解は、このことを反映していると言えるのではなかろうか。

2－4－5　森岡清美の見解

森岡清美（家族社会学）によれば、「ひるがえって我が国では、民法の改正を強力なてことして、直系家族制度から夫婦家族制度へと変動しつつある。してみれば、夫婦家族制度への変化は、社会体制の差に拘わらず早晩出現するところの、人類史的な展開を示すものと考えられる」（森岡、1963：31）とし、さらに、「今日重大な意味をもっているのは直系家族制から夫婦家族制への推移である。すなわち、1955年以降の急速な世帯規模の縮小、それと歩調を揃えてあらわれた夫婦家族率の上昇という、近時の著しい形態面の変化は、制度面の変化、社会学的にいえば直系家族制から夫婦家族制への変化と無関係ではありえない。……1960年の夫婦家族率65.1％というのはもはや直系家族制で説明できないことだけは明らかである」（森岡、

1967：24-25)との見解を提示した。ところが、「現代家族における家族の変化は、……夫婦家族制がイデオロギーを尖兵、法規範を後盾とし、夫婦家族の形成を可能ならしめると共に必要ともする経済的条件に支えられて、おおいかぶさった。そこに出現したのは単に直系制家族から夫婦制家族への変化と要約できるような簡単なものではなく、両者の共存による相互干渉の多様な形態であった、というべきであろう」(森岡、1976：18)としている。これは、明らかに家族に対する認識の変化と受け止めざるを得ない。ところが、「アメリカにおける家族の変化は、パーソンズ(Talcott Parsons、1902-1979)が指摘しているように、……家族理念からみれば、産業革命の前から核家族制であった、といえる。しかるに中国では第二次大戦後、核家族制への変化が起こったのである。……わが国では民法の改正を強力なてことして、直系家族制から核家族制へと変化してきた。してみれば、核家族制への変化は、社会体制の差にかかわらず出現するところの、人類史的な展開を示すものと考えられる」(森岡、1980：31-32)と当初の見解に回帰してくる。しかし、さらにまた、「第二次大戦後の日本家族の推移を考察するとき、変化を強調する人と、変わったというのは皮相の見解で実のところは変わっていないと、持続の側面を強調する人がいる。私自身は変化の側面からアプローチしている。そして、家族規範のなかでも家族形成規範に変化が起きることを家族変動の決定的要件とみなし、変化の方向を『家』という直系制家族から夫婦制家族への移行ととらえてきた。しかし、直系制家族が夫婦制家族に置き換えられる、というような単純な議論をしているのではない。戦後の家族変動を大きく要約するなら、このようにとらえることができるのではないか、という問題提起なのである。細かくいえば、個別の現象では両者の併存状況、あるいは混合・合成形態を過渡期として、大量現象としては、直系制家族が圧倒的な状況から夫婦制家族が優勢な状況への推移を想定し、その動きのなかから、家の伝統を背負った夫婦家族制の日本的典型が出現することを仮定するものである。さらに、近年ではこの動きと重なって、先進国で指摘されている近代家族の大きな

規範解体、それを支える選択可能性の拡大の流れのなかで、世帯形成パターンが多様化することを想定するものである」(森岡、1993：205-207)となり、最近の論考をみると、「戦後日本の家族は、人々の実践の次元において捉えるかぎり、『直系家族制から夫婦家族制へ』と転換したとはいえ、むしろ『修正直系家族制』仮説が支持されるという趣旨の興味深い論文が最近発表された［加藤 2005］。いうところの『実践の次元』とは同居か否かを問うものであるのに対して、私の主張は『家族形成プログラム』を問題としたものである。したがって私は、親と既存の子との同居は直系家族（分類）をなすが、必ずしも直系家族制（類型）ではなく、夫婦制直系家族であることも少なからず、親子近居ならなおさらしかりとみる。批判は私の説と同一レベルの議論ではないから、これによって自説が否定されたとは考えない。ただ、私の説が『家族形成プログラム』についての実証研究によって検証されるべきことが、改めて問われたことに意義を認めるものである」(森岡、2005：271)と述べている。

　この森岡の見解を整理すると、日本の家族は、直系家族制から夫婦家族制へと変化しつつある（1963年）から直系家族制から夫婦家族制へと変化してきた（1980年）となり、この間発表された論考では単に直系制家族から夫婦制家族への変化と要約できるよう簡単なものではないし、このようにとらえられるのではないかという問題提起なのである（1976年）とも述べている。

　さらに、家族構造と家族構成との関連については、加藤彰彦が家族構成（分類）から家族を問題にしている。しかし、森岡は家族構造（類型）から家族の変化を問題にしているので、議論の基軸が異なる（2005年）としているが、1980年の夫婦家族率65.1％というものはもはや直系家族制で説明できない（1967年）と述べている。これは、家族構成から家族構造を述べているのではなかろうか。

　また、私の説が実証研究によって検証されるべきことが改めて問われたことに意義を認めるものである（2005年）とも述べている。これは、これま

での見解が「確たる論拠」なしに議論してきたことを「自省」したとも受け止めることができよう。それなるが故に、理論が二転三転してきたとも言えるのではなかろうか。

　森岡理論は、多くの家族研究者に影響を与えてきたが、その考え方を継承してきた研究者もこの理論を「信仰」してきたように思えてならない。そこで、ここでは、森岡が論じてきたことを歴史的に追究し、その理論が「確たる論拠」に基づいて形成されたか否かを、改めて検証した。[7]

2-5　「変質論」Ⅱ

2-5-1　江守五夫の見解

　江守五夫（民族学・法社会学）によれば、「もし日本の農漁村における家族のすべてが同質的でなく、村落の社会構造の相違によって異なった形態をとるものだとすれば、家族形態と村落構造との対応性は、単に家族社会学にとってだけでなく農村社会学にとっても重要な研究課題たるものといえよう」（江守、1976：72）とし、つぎのような図式を提示している。

　「村落の類型と家族構造の対応関係は、つぎのような図式で集約されることになる。

　年齢階梯制村落……家拡散的村落……家父長制の未成熟な家族
　　講組型村落……　⎫
　　　　　　　　　　⎬家凝集的村落……家父長制家族」（江守、1976：96）。
　　同族型村落……　⎭

　「年齢階梯制秩序は、家の対外的な封鎖制の鞏化、家族内の家父長制的傾向の進展、年齢集団の家代表的（とりわけ『村寄合』的）な集団への転化、村落の身分的階層化とのそれによる『年輩序列』原理の止揚等の契機にもとづき衰退＝消滅の過程をたどり、直系家族と父系的出自観の形成、超世代的な本家分家関係の成立等の契機が階層分化の契機と結びつくことにより同族制的秩序へと転化すると考えられる。だが、逆方向への転換は強力

な政治的指導をもってしても容易になされない」(江守、1976：56) とし、「講組型村落は（少なくとも私の考えでは）前者と後者との中間（移行）形態とみなされるのである。ちなみに、年齢階梯制村落から（講組型村落を経て）同族型村落への転換はありえても、後者から前者への転換は私には想定されえない。けだし、年齢階梯制は、その社会的要素が遺制として他の村落類型のもとで残ることはありえても、その発生自体が一定限度以下の生産力段階に照応せるものと思われるからである」(江守、1976：53) と述べている。

このことについて若干の説明を加えると、日本の家族構造は多様な構造を有しているとの考え方に立脚しているが、家父長制の未成熟な家族（夫婦家族制）にあっては、生産力が低い地域に分布している。したがって、この地域の家族は、生産力が上昇すれば家父長制家族（直系家族制）に変化する可能性を内包しているとの見解である。

ここまで、日本家族論について説明してきた。そこで、つぎに、私が依拠している「異質論」に対する批判的な見解を紹介することにしたい。

2－6 「異質論」に対する批判

2－6－1 光吉利之の見解

光吉利之（家族社会学）によれば、「日本の親族組織は、同族組織として内部的に未分化の形で単独に存在するものではなく、それとは異質の親類関係が、内部的に分化した体系として同時的に展開している。このことは、基本的にはその構成単位である家が、二つの異なった構造化の契機を内包していることに由来している。日本の伝統的家族である家は、一方では前述したように核家族的結合を内包するとともに、他方では伝統志向的原理を基軸にして構造化される歴史的・社会的制度としての家父長制的結合をその内部において統合している複合体であるといってよい」(光吉、1977：43)、「したがって、その地域的差異は、家が内包している二つの構造化の契機のなかで、家父長制的な原理が優位性をもつ程度によって決定される。

すなわち、家の存在形態の多様性は、基本的には家の規範的規定力の程度の差異、家制度からのズレの程度によって示されている。このことはさらにつぎの問題を導く。すなわち、一方では家の規範的規定性の優位な極から、他方では家の規範的規定性が衰退し、かわって家が内包するいま一つの結合契機、核家族結合の原理が優位性をもつ極を想定することができる。このような優位性における地域的差異は、基本的には家の外在的要因＝環境への適応と同調の結果として発現するであろう。そして、この両極の間に、家父長制的原理の規定力が漸次衰退する連続体が想定され、この連続体の線上にそれぞれの村落における現実の家を位置づけることができる」（光吉、1977：44－45）としている。

「以上のような共生理論による地域的差異の説明は、単なる二分法的類型論（dichotomy）ではない。むしろそれは両極化的方法（polarization）というべきだろう。したがって、家連合論にみられる二分法と異なるのみではなく、蒲生や住谷によって提示された多元的な類型化の方法とも異なっている」（光吉、1977：46）と述べている。

この考え方は、喜多野の影響を受けた見解であるが、上述したように光吉の1970年代におけるものであり、それ以降における光吉理論の前史となるものである。

2－6－2　平岡公一の見解

平岡公一（社会福祉学）によれば、「最後に、老年社会学において最も蓄積の多い分野である家族論において、従来の定説を否定する重要な主張を行っている清水浩昭「世帯および家族の構造」（『高齢化社会への道』所収）に触れておくことにしたい。この論文は、同居・別居に関わる問題を中心に、わが国の世帯・家族の構造に関する基本的な問題を論じたものである。そこでは、社会学的家族論において支配的な家族変動論を、直系家族制→夫婦家族制という『一元的・発展段階論的家族論』と批判し、それに代わるものとして、民俗学的・社会人類学的調査の成果にもとづく『多元的家族

論（直系家族制と夫婦家族制の併存）』が有力になりつつあると主張している。評者にとっては専門外の領域に関わることであるが、一つの素朴な疑問を述べることを許していただきたい。それは、この論文では、前近代の日本社会において直系家族制がかならずしも支配的な家族構造ではなかったという点の論証は説得的だが、現代の家族の変動方向が夫婦家族制に収斂する方向にあるという説に対する反証が示されていないのではないかという点である。その点が明確にされないかぎり、近代化論的な家族変動論が否定されたことにはならないのではないだろうか」（平岡、1986：84）としている。これは、清水の考え方に対する批判を展開したものである。

2－6－3 岩本通弥の見解

　岩本通弥（民俗学）によれば、「前々回の動向で中込が『「村制・族制」研究を常にリードしてきたのは福田アジオであり、上野和男であった』と述べるように、その状況は現在でも変わっていない」（岩本、1998：50）が、「両者の採った戦略は、変数と変数の間の相互連関を『構造』として類型化し、他の地域の『構造』と比較することに位置づけるという地域類型論的な方法であった。……両者の方法は、類型設定に基づく地域主義だといってしまってよい」（岩本、1998：51）としている。さらに、「その研究は専ら『構造』『原理』の析出が焦点となるが、どうやら両者には『民俗』は『生活』『文化』とは同義ではなく、『結果として存在する』民俗を操作することで、ある種の歴史的な世界を明らかにしたり、描くことが民俗学であると理解しているらしく、その結果、類型化された要素、異質性の強調された事象の組み合わせからなる」（岩本、1998：51）し、「さらに両者の特徴は、これを伝承母体論として、民俗学一般の理論に拡大し、他の『民俗』との有機的連関を、彼らの抽出した『構造』や『原理』を核として把捉しようとした点にあるが、……こうして構築された『民俗社会』が、現実社会とは大きく懸離れているのは当然であるが、都市や政治などの現実を切離、そうした外部の影響をノイズとして排除する、閉じられたミクロコス

モスの描き出しが、一体何を意味しているのか。……類型論的な方法の、その限界は特に現実の具体的な社会に当てはめたときに顕在化する」（岩本、1998：51-52）もので、「いわば伝統不変論・構造不変論とでもいうべきこうした議論にリアリティを感じるのは、おそらくこうした思考法に慣らされた民俗学者など、一部の者に過ぎないのではあるまいか。家族や社会の現実とあまりにそれは遊離している。こうした現代に迫られないのは方法による当然の帰結ではあるが、一体民俗学の家族研究とは何を目指しているのか、筆者には両者の議論は『地域性』を抽出することが目的化しているように思えてならず、家族がどう生きているのかなど、そのリアリティが問われることはない」（岩本、1998：52）と述べている。「かつて蒲生正男は『親族の本質それ自体が歴史的にあるいは地方的に変質するようなものではない』と述べたが『構造』は不変なのか、その超歴史的な大前提や、他の民俗学者も無意識に踏襲している、静的で持続的な民俗社会の摘出という方法自体も、再度、検討してみる機会にあるのではなかろうか」（岩本、1998：53）との批判を展開している。

　これは、福田アジオ、上野和男、蒲生正男の研究方法（「類型論的研究」）に対する批判であるとともに、このような研究方法で析出された研究成果は、現実社会と大きくかけ離れているとの批判である。この見解は、「異質論」批判でもある。

2-6-4　政岡伸洋の見解

　政岡伸洋（民俗学）によれば、「ところで、このような『類型論的理解』も、本稿の対象となる3年間で大きく揺らぎはじめている。その背景には少子化や夫婦別姓、高齢化に伴う老人介護問題、また家庭崩壊をめぐる議論や生殖医療技術の発展などにともなう家族関係の揺らぎなど、今日的な状況があるものと考えられる」（政岡、2001：88）し、「このように、現代社会や変化を視野に入れたとき、従来の『類型論的理解』には問題点があることが指摘されるわけであるが、それではこれまで論じられてきた家族・親族

の多様性の問題はどうであろうか。これに関して非常に興味深いのは、熊谷文枝『日本の家族と地域性』上・下（ミネルヴァ書房、1997年）などをみると、先に述べた民俗学における家族・親族研究の流れとは逆に、家族社会学などでは単一的な理解を超えるものとして、『類型論的理解』の視点が再評価されてきているのである。しかし、このような状況を考慮しても、筆者は『類型的理解』における多様性の認識には限界があったと考えている。それは、なぜアイヌや被差別部落の事例は対象化されていないのか、また在日外国人は取り上げる必要はないのか、つまりマイノリティを対象とした議論はまったくなされておらず、その意味で従来取り上げられてきた多元性・多様性というのはあくまでマジョリティの範囲内でのものであったといえるからである。つまり、日本社会すべてを対象化した多様性ではなかったのである」（政岡、2001：91）と述べている。したがって、「今後、民俗学が現代社会の家族・親族を対象化していくならば、これら在日外国人を含むマイノリティの問題は避けて通れない重要な研究課題となってくるが、先の論考の内容からしてもこれらは従来の多様性の延長で加算的に対象化できるものではなく、まずその必然性を学史的に再検討してから取り上げる必要があることがわかる。いずれにしても、これまでの『類型論的理解』における多様性の問題は一元的な日本の民俗文化に対する批判として重要な意味をもっていたが、今日的状況を考えると、今後民俗学が問うべき多様性とは、従来のものとは異なり、その自明性の範囲を越えたレベルのものでなければならないことが指摘できる」（政岡、2001：91-92）としている。

政岡の見解は、岩本の批判と若干異なる側面を有しているが、基本的には、同様な立場に立っている。

2-6-5　八木透の見解

八木透（民俗学）によれば、「これからの民俗学におれる家族・親族研究のあるべき姿は、岩本や政岡が提示するように、『リアリティある研究』

『現代社会を視野に入れた研究』『〈変化〉を視野に入れた研究』『実体に根差した総体的研究』『多様性をふまえ、多方向へ開かれた研究』である点においては、基本的に筆者も賛同する。少なくとも従来の『類型論』的研究方法は再検討を迫られているだろう。ただそれに代わる方法として、いかなる研究方法を採り上げるのか。その選択肢は無限に広がっているのである。

　筆者は当面の課題として、歴史人類学や歴史社会学との協業によって、『近代』や『近代家族』論をふまえた視座から、日本の家族と親族の姿にアプローチするという道を選びたい。……そのためには、これまでの『近代家族』をめぐる議論を十分に検証しながら、民俗学の家族研究との繋がりを模索してゆかねばならない。そこでは、これまでの民俗学とあまり接点がなかった諸分野、たとえば家族心理学や社会福祉学などの研究領域とも連携してゆく必要があろう。少なくとも現代の家族研究において、一学問領域が単独でなし得る成果には限界がある。現代こそ、複数学問領域による共同研究が必要とされる時代だといえるだろう」（八木、2007：121-122）と述べている。

　岩本、政岡、八木に共通するのは、類型論的研究に対する批判であるが、八木は、福田や上野の研究が、現代社会、現代社会の変化も視野に入れていないし、実体に根ざしていないものとしている。このような批判を展開した上で、例えば、家族心理学や社会福祉学などとの繋がりを模索する必要があるとしている。しかし、八木は、隣接科学において類型論的研究が存在していること、さらに、その研究成果についても熟知していないように思われる。というのは、八木が隣接科学に関する研究成果を熟知していれば、このような批判をいとも簡単に展開できないからである。この点については、本書の第4章で明らかにしたい。

2-6-6　原尻英樹の見解

　原尻英樹（文化人類学）によれば、「蒲生の学説の背景には、日本村落類

第 2 章 日本家族論

表 2-4 蒲生の村落類型論

	(A) 東北日本型		(B) 西南日本型	
	I	II	III	IV
家連合の機能	上下的	主従的	対等的	
家連合の構造	同族団による凝集	親方・子方関係による拡散	講組による凝集	年齢集団による拡散
分家	本家への従属	親方への従属	独立的	独立的
相続	長子相続（姉家督もある）		長子相続（末子相続もある）	
隠居世代別別居制	ない		有る	
長男と次男の差別	強い		弱い	
家族	同族家族、直系家族		夫婦家族、直系家族	
嫁の地位	低い		高い	
親族結合	父方の優位		妻母方の優位	
村落の強制	強い	それほど強くない	それほど強くない	強い
主たる分布地	東北	北陸・中部	関東・近畿中国・四国	漁村及び西南日本

（出典）蒲生正男、1960、『日本人の生活構造序説』誠信書房、75頁。

型論をめぐる、有賀―喜多野論争、つまり、同族を政治的・経済的条件によって結成されたと見るか、系譜的による紐帯とみるかの両学説もあるが、蒲生の基本的な図式は岡の仮説に依っている。これを図式化すると表のようになる。日本村落類型論が日本社会の地域性論にもなっていることがわかる。戦後から1960年代まで（高度経済成長前まで）は、このような日本村落類型論が理論およびデータの両面から検討されたが、社会人類学および農村社会学によるこの研究（岡正雄の仮説に依るもの）も1970年代終わり頃になると衰退し、現在はこのような類型論の研究をしている研究者はその数が限られている。これは、その後の若手の文化人類学あるいは社会人類

学者が海外研究に関心をもち、日本文化あるいは社会研究をしなくなったこともその要因としてあげられよう」(原尻、2008：230-232)。

これは、「異質論」的研究に対する批判というより、文化人類学の世界で日本文化・社会研究が衰退してきていることを述べたものである。とすれば、この分野の研究が「知るに値しない研究」かをめぐる議論も展開する必要がある。

以上、1998年頃から主に民俗学の分野で展開されている「類型論」(「異質論」)的研究に対する批判を紹介してきた。そこで、つぎに、「異質論」に対する評価を紹介することにした。それは、八木の批判への回答にもなると、考えたからである。

2－7 「異質論」に対する評価

2－7－1 斉藤修の見解

斉藤修(歴史人口学・社会経済史学)によれば、「ここで興味深いのは、現代の高齢化社会における家族構造を類型化した清水浩昭の発見である。彼によれば、九州の鹿児島県と四国の高知県は、別居世帯が多いという点で共通性をもっている。ただ……孫との同居確率の低さは、この隠居制による世代別夫婦別居では説明できない。その効果は戸主の親との同居頻度の少なさとなって現れるはずだからである。この点にかんする九州の値は、一般的趨勢からすれば、より重要な要因は、蒲生が隠居制とともに『核心型』の指標としてあげた末子相続制のほうにあったのではないだろうか。末子相続の場合、長子相続と比較して、跡つぎが結婚したときの戸主の年齢は高くなり、それゆえ孫ができる年齢は遅くなり、結果として同居している子供の配偶者と孫の数は少なくなるからである。いずれにせよ、西南地方に独特の制度が関係している可能性は高いように思われる」(斉藤、2002：31)。

この見解は、「異質論」的研究が、現代社会においてもリアリティがあると、評価していることになる。

2−7−2　田淵六郎・中里英樹の見解

　田淵六郎・中里英樹（家族社会学）によれば、「成人子との居住関係に影響をおよぼす居住地域の区分として、大きく二つの軸が考えられる。まず、東北や西南日本など日本全体の大きな地理的境界による区分、そして都市化の度合いや人口規模による区分である。前者の区分による高齢者と子の同居率の地域性については、伝統的家族研究をふまえて、清水浩昭を中心に精力的な考察がなされてきた（清水、1996）。そこで示された知見の一つは、75歳以上の高齢者の子どもなどとの同居率が東北・北陸で特に高く、南関東および西近畿（京都府、大阪府、兵庫県）以南の地域で比較的低いということである。清水はまた、実際の同居率とは別に、家族形態に関する意識の違いについても明らかにしている。首都圏・関西圏と、四国・九州から『西南日本』において、核家族志向が非核家族志向を上回っていたという（清水、1992）。地域的な差異にかんするこうした知見は、ミクロデータ分析によっても確認されてきた。都市規模の効果については、大都市部ほど同居確率が低いことを確認した研究は多い（舟岡・鮎沢、2000：高山・有田、1996）。また、東北日本、西南日本などの地域区分を独立変数として回帰分析に用いた研究でも、拡大家族が多い東北・北陸地域で同居確率が高まるなどの知見が得られている（西岡、2000）」（田淵・中里、2004：125）としている。

　これは、日本家族に地域性が存在することを実証的に明らかにした論考である。

2−7−3　佐藤秀紀・中嶋和夫の見解

　佐藤秀紀・中嶋和夫（社会福祉学）によれば、「わが国では、老後に対する意識や経済的自立等の理由から同じような家族形態が全国に各地に均等に分布しているわけではなく、大別するなら家族との別居を原則とする隠居形態を特徴とした高年型の核家族世帯が多数を占める『鹿児島的家族形

態(西日本型)』と、隠居慣行の乏しい『山形的家族形態(東日本型)』のふたつが共存してきた。東北日本型の拡大指向型を支えている価値体系は、親子関係を常に優先させる体系であり、西日本型の縮小志向型家族を支えている価値体系は、夫婦関係を親子関係よりも優先させることが特徴的である。こうしたことから、西日本を中心に特に進んでいる高齢者の核家族化は、世帯内部での介護の調達を困難にしており、基本的に、各市町村は、このような介護力補完を重点的なターゲットとして政策をすすめているものと想定される。このように、異質の家族構造が今日においても維持・存続していることから、全国一律な方策で同じような福祉効果を期待することは困難なものと考えられる」(佐藤・中嶋、1990：12)としている。

これは、日本社会に存在する介護力の差異が家族構造の地域性と対応していることを明らかにしたものである。この論考は、社会福祉の課題である介護と家族構造が促進助長的な関係にあること明示したものである。とすれば、高齢化社会における介護のありかたという、極めて現代的課題の理解にとって、「異質論」的視角からの研究に意義があることを示したことになる。

2－7－4　太鼓地武の見解

太鼓地武(保険数学)によれば、「診療報酬の価格が全国一律であるにもかかわらず、1人当たり医療費の都道府県格差は1.79倍にも達している。年齢構成の影響を除去したネットの地域差指数も都道府県格差は1.54倍に達し、西日本で高く東日本で低いという西高東低現象がみられる。とくに入院は地域差が大きく、西高東低の傾向も顕著で、病床密度との相関がきわめて高い」(太鼓地、2001：20)と述べている。

ここでの議論は、医療費の地域差を問題にしたものであり、この地域差と家族構造との関連性を論じたものではない。しかし、仮に高齢者医療費の地域差と家族構造との視点でみると、同居に基づく東北日本型家族(「直系家族制」)では、家族介護が中心となるため高齢者医療費が低く抑えられ

るが、別居に基づく西南日本型家族では、家族介護力が十分確保できない。そのことが、西南日本型家族では、入院者数が多くなる可能性を内包している。それが、医療費や入院費を高めることにつながる。このことが、医療費や入院の地域差をもたらしていると考えられる。

このように考えると、医療費や入院日数は、家族構造の地域性と深く関わって顕在化していると言えるのではなかろうか。これは、「類型論（「異質論」）」的研究が現代的課題とも深く関わっていることになる。とすれば、このような視角からの接近は、リアリティがある研究であると言えよう。

以上の論考をみると、岩本、政岡、八木の言説は、「論拠のない常識」であると言わざるをえない。

ともあれ、ここまで、家族に関する概念、日本家族論について詳しい紹介をしてきた。これは、第4章高齢化社会における家族と介護について検討するための基礎作業となるものである。したがって、ここで紹介した見解のなかで、どの考え方が現実社会の解読にとって有効かは、その検証作業（「立論の根拠を示す」ことにこだわる）を通じて明らかにしたい。

注
（1）木戸功によれば、主観的家族論とは、「家族をめぐる認知や解釈といった側面に分析的に照準する家族研究の立場をいう。そこでは、現実の家族を把握するために概念の操作的な定義を洗練することよりも、日常生活において人々が行っている『主観的』な家族定義のあり方に関心が向けられる。つまり、研究者として家族をどのようなものとして把握するかということよりも、人々が何をどのように家族とみなしているかということが、関心事になる」（木戸、2012：636－637）としている。このように現在、家族研究は、主観的家族論が潮流になりつつあるが、ここでの分析は、「国勢調査」等を用いた分析が中心となる。そこで、本書では、客観的家族論に基づいて分析を行うことになる。
（2）家族構成の分類（森岡、1997：17）と家族構造の類型（森岡、1997：15）を示したのが、つぎの図である。

家族構成の三分類

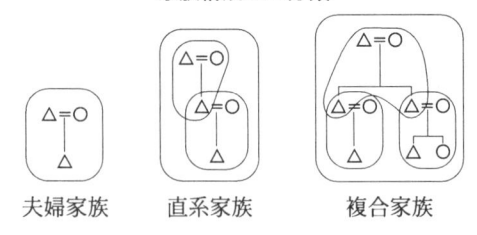

夫婦家族　　直系家族　　複合家族

家族構造の三類型

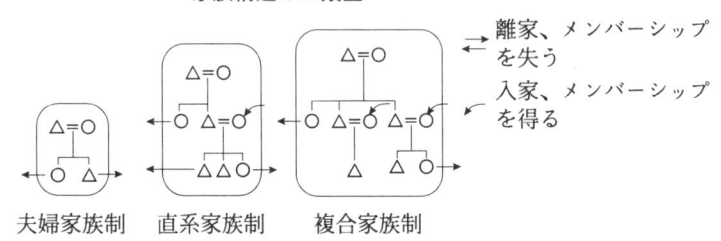

→ 離家、メンバーシップを失う
← 入家、メンバーシップを得る

夫婦家族制　直系家族制　複合家族制

　「国勢調査」では世帯を「住居と生計を共にしている人々の集まり又は一戸を構えて住んでいる単身者」としている。家族と世帯の関連（森岡、1997：7）は、つぎのようになる。

家族と世帯との関連

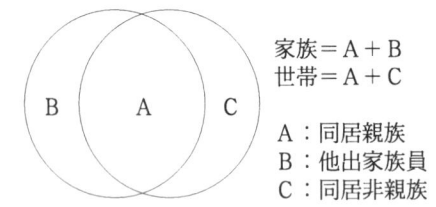

家族＝A＋B
世帯＝A＋C

A：同居親族
B：他出家族員
C：同居非親族

（3）この座談会は、司会が石田英一郎（民族学）、対談と討論者が岡正雄（民族学）、八幡一郎（先史学）、江上波夫（東洋史学）で行われたものである。その記録は、特集「日本民族＝文化の起源と系統」の一つとして「日本民族文化の源流と日本国家の形成」と題して1948年刊行の『民族学研究』第13巻第3号に掲載された。その後、石田英一郎が「九年後に―序にかえて―」を、岡正雄が「二十五年後に―あとがきにかえて―」の註が加えられて、1958年に『日本民族の起源』として刊行された。ここで、岡が二十五年後に

としたのは、『古日本の文化層』が1931～33年にかけてできあがったからだとしている。

　岡は、この1958年刊行の著作の註でつぎのように述べている。「日本におけるいわゆる同族制は、本家・分家の単系的父長的系譜関係によってむすばれた家の連合体であり、かつ本家・分家の家格的上下関係によって規制された親族集団である。この同族制は日本に広く分布しているが、とくに東北地方から中部にかけて濃く分布している。この同族制は本質的には、上古の支配層を構成していた種族の父系的家長的な氏族ないし親族組織から由来したものと考えられる。国家勢力圏の拡大、それにともなう支配層の氏族、家族による辺境の開拓、農地支配が進展し、これらの氏族や家族は東北や中部地方、その他の地方の開拓地に拡散・定着し、地方的農地経営者としていわば沈下して農民化するにいたった。したがって彼らの固有の父系的家長的親族組織もそれぞれの地域にもちこまれ、開拓、農地支配、農業経営という経済的政治的諸条件によって、今日見られるような『同族制』として多少変貌しながら存続してきたものと思う。ツングース族において『ハラ』が、農耕化が進むにいたって、あたかも日本の同族制に類似する性格と形態をもつにいたったことは興味がある」(岡、1958：243)とし、さらに、「この同族制社会と年齢階梯制社会とは、その日本における分布もはっきり異なり、その性格も異質的構造原理にもとづいた二つの異なった社会類型であることは否定できないと思う。同族が父系的親族組織であり、年齢階梯制が年齢原理による部落構造であって、そのまま直接対比できないが、同族社会において年齢原理はいかにはたらいているか、いっぽう年齢階梯制社会において、いかなる家系制、家格関係、親族関係が存在しているか、というように、いわば対角的に、両者を交互に対照し、比較し、類型化してみると、同族社会では、年齢は重要な構造原理となっていない。他方、年齢階梯社会では、父系的ではあるが、それは単系的に強調されず、母方、妻方の姻族の比重が高くなってきているし、本家・分家の上下関係、家格はあまり問題にされない、という対角的対照的な性格の相違が、さまざまな点においてはっきりとらえられる。これは元来異なった種族の社会形態が国家広域社会に、ほとんどそのまま組み入れられて長い間の接触や混合にもかかわらず、今日までその本質を残して存続したと見なければならない。本座談会のころは、私はこの二類型、すなわち『ハラ』ないし『ウジ』組織に系統をひく親族・氏族形態と年齢階梯制社会とを仮説的に提

出したのであったが、その後、幾人かの若い社会人類学者たちは、実際に日本村落社会を調査分析して、ほぼ私の仮説の妥当性を実証している」（岡、1958：243-244）としている。

　岡仮説を実証した若き社会人類学者の研究とは、泉靖一・蒲生正男、1952、「日本社会の地域性」（『日本地理新体系』第2巻所収）。蒲生正男、1956、『社会学講義資料Ⅲ』。蒲生正男、1954、「日本に於ける婚姻と家族の類型」（『日本人類学会、日本民学会協会連合大会第9回紀事』）。住谷一彦、1956、「伊浜部落の村落構造」（鈴木二郎編、『都市と村落の社会学的研究』）。大給近達、1956、「日本文化の地域性とその構造的理解」（東京大学修士論文）。高橋統一、1953、「日本における年齢階級制度と親族組織の社会人類学的研究」（東京都立大学卒業論文）のことである（岡、1958：244）。

（4）大間知篤三によれば「柳田國男先生の下で、昭和9年春から3年間継続実施された僻陬山村調査事業には、私も数ヵ所の調査を試みる機会を与えられた。そのうち私が最初に踏査したのは茨城県多賀郡高岡村であって、そこはまた私自身にとっては最初の調査体験地といってもいい所である。この村は偶然にもいわゆる隠居慣行の著しく濃厚な地であって、その点でも私にはたいそう印象深かった次第である」（大間知、（1938）1975：51）と述べている。この調査経験が、大間知家族論形成の契機になったと言えよう。

（5）蒲生正男は、日本の伝統的家族、日本の伝統的婚姻体系、伝統的イデオロギー、日本の伝統的親族体系、日本の伝統的村落構造の五つの体系・構造を統合化・体系化した。

典型的社会体系のパターン

（6-1）拡大指向・現状維持型家族・ヨメイリ婚・同族・状況不変のイデオロギー
（6-2）縮小指向型家族・ムコイリ婚・親類・状況可変のイデオロギー
（6-3）現状維持型家族・ヨメイリ婚・親類・日和見的イデオロギー

（蒲生、1982：222）

　なお、ここで蒲生の言う「イデオロギー」とは、「ある程度首尾一貫した価値判断の体系」のことである。

（6）速水に影響を与えたイギリスの歴史人口学者ピーター・ラスレットは、世帯の歴史に関する五つの誤った概念として、つぎのようなことを述べている。「以下に示される五つのドグマは、すでに日本人に、またはじめてこ

の主題にとりくむ人にさえも影響をあたえてきているであろう。
　まず第一は、ヨーロッパおよびおそらくまさに他の地域においても、工業化以前の過去においては、同居家内集団は常に大規模でありかつ親族構成は複雑であった、という誤った考えである。われわれは、これを大規模世帯ドグマとよぼう。
　第二の誤った概念は、そうした集団の規模と構造に時の経過とともに起こる変化が、いつでもどこでも常に大規模から小規模へ、複雑なものから単純なものへという変化であった、というものである。これを一方向ドグマとよぼう。
　第三は、工業化あるいは『近代化』の過程が、いつでもどこでもこの一方向ドグマにそった変化をともなってきた、という誤った仮定である。われわれは、これを工業化ドグマとよぼう。
　第四は、世界中のあらゆる地域において、また歴史のある時点において、始源的状況は自然的世界経済が一般的であった、という証明されていない不必要な仮定である。こうした状況のもとでは、大規模で親族関係のいりくんだ世帯は独立の自給自足体として存在し、社会全体はそうしたものの集合体として存在した。そこには、労働市場も、資本も、また貨幣経済も存在しなかった。われわれは、これを自然的世帯経済ドグマとよぼう。
　第五は、工業化以前においては、どんな世帯も人口再生産の単位であると同時に生産の単位であった、というあきらかに誤った仮定である。われわれは、これを労働集団としての世帯ドグマとよぼう」（斉藤編著、1988：28-29）としている。
（7）ここでは、上述した五つのドグマ論を念頭において、「変質論」Ⅰに関わる見解を展開している研究者の言説を紹介することにしたい。
　加藤彰彦（家族社会学）によれば、「戦後日本の家族が『核家族化』したことは、もはや『常識』の域に達している。この一般的な通念としての『核家族化』の意味するところを、家族社会学の用語で表現するならば、日本の家族は『直系家族制から夫婦家族制へ』と構造的に変化したということになろう。こうした見解は、社会学者の間でも大勢を占めているといってよく、実際、社会学関係の講座や教科書において戦後の家族変動をとらえる基本的な枠組みとなってきた。
　しかし、家族社会学の外に目を向ければ、この見解に否定的な論者も多い。たとえば清水浩昭はこう述べている『文化人類学、法社会学、民俗学

の分野で展開されてきた日本の家族に関する研究によれば、日本社会にはさまざまな家族が地域を異にして存在しており『直系家族制から夫婦家族制へ』と家族が構造的な変化を遂げたとはいえないとの認識に立っている』」（加藤、2003：21）とし、「清水自身は、核家族化論が優勢な社会学において、かねてより『現代日本の家族構造が「直系家族制から夫婦家族制へ」構造的に変化したという考え方は現段階では説得力のある見解とは言い難い』という問題意識を保持してきた数少ない論者の一人である。

　清水は、その研究者としての個性的キャリア—マクロな人口学的研究とミクロな民俗学的地域研究に深くコミットしてきた—を生かして、自らの考えを実証しようとしていた。清水がとった手法は国勢調査の世帯統計を使って家族構造の地域類型を設定し、当該地域でフィールドワークを行って家族構成の変化を記述するというものである。その結果として、『直系家族制から夫婦家族制へ』という命題は当てはまらない地域が多く存在することを明らかにした」（加藤、2003：22）。

　その後、加藤は、日本家族社会学会が実施した「全国家族調査」を用いて、つぎのような論考を発表している。加藤によれば、「社会学ではながらく『日本家族は戦後（直系家族制から夫婦家族制へ）と変化した』と信じられてきた。しかしながら、最近の全国規模の家族調査とその個票データを用いた精密な実証研究は、直系家族制の持続を示唆する—それゆえこの命題を反証する—次のような統計的事実を提出している。（1）過去半世紀の間に、結婚時の同居確率は低下したが、若い世代ほど途中同居（持ち家の継承による）の傾向が強いため、最終的な同居確率はどの世代も約30％（長男の場合は約50％）に収斂する。（2）半世紀前に指摘された『東北日本型（単世帯型）直系家族』と『西南日本型（複世帯型）直系家族』という地理的分布は今もなお明確である（明治時代の統計まで遡って確認できる）。これらの事実は、直系家族を形成する内発的な力が、21世紀の今日でも日本社会の基層レベルで強力に働いていることを示している。本稿では、このような『直系家族の現在』を表す新しい知見を紹介するとともに、核家族化論を主導してきた森岡清美による家族社会学の概念構成が大きな理論的欠陥をもっていることを指摘して、新事実を整合的に説明しうる家族の社会学的理論を提案」（加藤、2009：3）している。

　中里英樹も、「主に親子の間の同別居を研究の中心に据えながら家族制度の地域性と変動の分析を重ねてきた清水浩昭は、世帯構成の移行に注目し

つつも、森岡とは異なる解釈を示す。すなわち三世代世帯に住む高齢者を対象に、途中（壮年・晩年）同居の割合や経緯、どちらが移動したかなどを調査し、現代日本の家族が、『生涯同居』から『途中同居』に移行しながらも直系家族制を保っているという認識を示した。また、伝統的に夫婦家族制の地域もあることを指摘する（清水、1985）」（中里、2006：208）と述べている。

最近、施利平も、「戦後日本の家族・親族はどのように変化してきたのか。日本家族社会学の通説―核家族化と双系化は起きてきたのか。本書の分析結果から明らかになったのは、戦後日本の家族・親族関係には一子同居の原則と娘や妻方との緊密な交際・援助関係がみられることである。特定の一子との同居パターンが今日でも存在しており、持続していること、また同居が姓や祖先祭祀の継承（や相続）と強い関連をもっていることから、一子による同居・継承と相続を原則とする直系家族制の存続が示唆される。この分析結果は、二つの双系化仮説がともに主張する直系家族制の崩壊、いわゆる『核家族化』の反証となる」（施、2012：131）としている。

この三つの論考は、「変質論」Ⅰに対する批判を展開したものであるが、その批判は、実証研究に裏打ちされていること、換言すれば「確たる論拠」に基づいて展開されていることを強調しておきたい。

【引用・参考文献】

有賀喜左衛門、1972、『家（「日本の家族」改題）』至文堂
江守五夫、1976、『日本村落社会の構造』弘文堂
舟岡史雄・鮎沢光明、2000、「高齢者の同居の決定要因の分析―家族の生活状況と保障機能」国立社会保障・人口問題研究所編『家族・世帯の変容と生活保障機能』東京大学出版会
速水融、2001、「歴史人口学と家族史の交差」速水融・鬼頭宏・友部謙一編『歴史人口学のフロンティア』東洋経済新報社
―――、2009、『歴史人口学研究―新しい近世日本像―』藤原書店
平岡公一、1986、「社会学における老年研究の動向と課題」『社会学評論』第37巻第1号、日本社会学会
蒲生正男、1960、『日本人の生活構造序説』誠信書房
―――、1966、「戦後日本社会の構造的変化の試論」『政経論叢』第34巻第6号、明治大学政治経済研究所

―――、1974、「概説　人間と親族」蒲生正男編集　解説『現代のエスプリ　人間と親族』第80号、至文堂

―――、1979、「日本のイエとムラ」大林太良監修『世界の民族第13巻東アジア―日本・中国・韓国―』平凡社

―――、1982、「日本の伝統的社会構造とその変化」『農村血族の継承と拡散の動態』総合研究開発機構

原田尚、1978、「家族形態の変動と老人同居扶養」『社会学評論』第113号、日本社会学会

原尻英樹、2008、『文化人類学の方法と歴史』新幹社

井上治代、2003、『墓と家族の変容』岩波書店

石田英一郎・江上波夫・岡正雄・八幡一郎（対談と討論）、1958、『日本民族の起源』平凡社

岩本通弥、1998、「民俗学における『家族』研究の現在」『日本民俗学』213号、日本民俗学会

上子武次、1981、「日本の家族」上子武次・増田光吉編『日本人の家族関係―異文化と比較して《新しい家庭像》を探る―』（有斐閣選書）有斐閣

加藤彰彦、2003、『家族変動の社会学的研究　現代日本家族の持続と変容』早稲田大学大学院文学研究科博士論文（未印刷）

―――、2006、「戦後日本家族の軌跡」富田武・李静和編『家族の変容とジェンダー―少子高齢化とグローバル化のなかで―』日本評論社

―――、2009、「直系家族の現在」『社会学雑誌』第26号、神戸大学社会学研究会

木戸功、2012、「主観的家族論」見田宗介編集顧問、大澤真幸・吉見俊哉・鷲田清一編『現代社会学事典』弘文堂

喜多野清一、1951、「同族組織と封建遺制」日本人文科學學會編『封建遺制』有斐閣

小山隆、1962、「家族構成の変化」『人文学報』第29号、東京都立大学

―――、1971、「核家族的世帯の地域別類型」『東洋大学社会学部紀要』第9号、東洋大学

工藤豪、2010、「現代家族における『隠居研究』の意義―茨城県高萩市高岡地区調査からの接近―」『日本民俗学』第261号、日本民俗学会

黒田俊夫、1992、「家族の動態と社会変動―21世紀への展望―」日本大学総合研究所編『現代日本文化と家族』日本大学総合科学研究所

熊谷文枝、1997、「日本家族の地域性と多様性―地域特性と世帯構造―」熊谷文枝編『日本の家族と地域性［上］―東日本の家族を中心として―』ミネルヴァ書房

Kumagai Fumie, 2008, *FAMILIES IN JAPAN Changes, Continuities, and Regional Variations*, University Press of America.

政岡伸洋、2001、「家族・親族研究の新たな展開と民俗学」『日本民俗学』第227号、日本民俗学会

光吉利之、1977、「親族組織と村落構造」西村先生退官記念論文編集委員会編『日本の社会―西村勝比古先生退官記念論文集―』晃洋書房

―――、1979、「家族の変化」光吉利之・土田英雄・宮城宏『家族社会学入門』（有斐閣新書）有斐閣

―――、1991、「家族（1）収斂と拡散―」遠藤惣一・光吉利之・中田実編『現代日本の構造変動―1970年以降―』世界思想社

宮本常一、1981、「常民の生活」大野晋・宮本常一他著『東日本と西日本』日本エディタースクール出版部

森岡清美、1963、「家族と親族」福武直編『社会学』有信堂

―――、1967、「周期論からみた現代家族の動態」『法律時報』第39巻第12号、日本評論社

―――、1976、「社会学からの接近」森岡清美・山根常男共編『家と現代社会』培風館

―――、1980、「家族と親族」福武直編『社会学（第2版)』有信堂高文社

―――、1993、『現代家族変動論』ミネルヴァ書房

―――、1997、「家族分析の手がかり―類型と分類」森岡清美・望月嵩『新しい家族社会学［四訂版］』培風館

―――、2005、『発展する家族社会学―継承・摂取・創造―』有斐閣

内藤莞爾、1978、「いわゆる西南型家族について」『社会学評論』第28巻第4号、日本社会学会

―――、1985、「日本の伝統的核家族」『立正大学人文科学研究所年報』第23号、立正大学人文科学研究所

中込睦子、1997、「家族と世帯」福田アジオ・赤田光男編『講座日本の民俗学3　社会の民俗』雄山閣

中根千枝、1964、「『家』の構造分析」記念論集刊行委員会編『石田英一郎教授還暦記念論文集』角川書店

―――――、1970、『家族の構造―社会人類学的分析―』東京大学出版会
中里英樹、2006、「加齢と親子同居―濃尾農村における居住形態の動態的分析―」落合恵美子編著『徳川日本のライフコース―歴史人口学との対話―』ミネルヴァ書房
日本民族学協会編、1949、『民族学研究　特集日本民族＝文化の起源と系統』第13巻第3号、彰考書院
西岡八郎、2000、「日本における成人子と親との関係―成人子と老親の居住関係を中心に」『人口問題研究』第56巻第3号、国立社会保障・人口問題研究所
岡正雄、1958、「日本文化の基礎構造」大間知篤三・岡正雄・桜田勝徳・関敬吾・最上孝敬編『日本民俗学大系　第2巻　日本民俗学の歴史と課題』平凡社
―――――、1979、『異人その他―日本民族＝文化の源流と日本国家の形成―』言叢社
岡崎陽一、1982、『長生きと一人っ子の社会学』PHP研究所
大間知篤三、(1938) 1975、「『隠居』について」竹田旦編『大間知篤三著作集』第1巻、未來社
―――――、1951、『常陸高岡村民俗誌』刀江書院
―――――、1962、「家族」大間知篤三・岡正雄・桜田勝徳・関敬吾・最上孝敬編『日本民俗学大系　第3巻　社会と民俗（1）』平凡社
大友篤、1982、「地域の世帯構成とその変化－日本現勢」『季刊地域』第10号、大明堂
斉藤修編著、ピーター・ラスレット他著、1988、『家族と人口の歴史社会学―ケンブリッジ・グループの成果―』リブロポート
―――――、2002、「比較史上における日本の直系家族世帯」速水融編著『近代移行期の家族と歴史』ミネルヴァ書房
佐藤秀紀・中嶋和夫、1999、「在宅老人福祉サービス実施状況の市町村間格差に関連する社会的要因の分析」『社会福祉学』第40巻第1号（通巻60号）日本社会福祉学会
関敬吾、1958、「民俗学」福武直・日高六郎・高橋徹編『講座社会学　別巻　隣接科学・用語解説・年表・総索引』東京大学出版会
施利平、2012、『戦後日本の親族関係―核家族化と双系化の検証―』勁草書房
清水浩昭、1977、「日本基礎社会の研究と家族・人口変動」高橋統一・中村たかを・青柳清孝・黒田信一郎・清水浩昭『増補人類学』犀書房
―――――、1979、「高齢化社会と家族の変動」『教育資料　くらしと保険』第9

号、生命保険文化センター

―――、1982、「世帯および家族の構造」三浦文夫・岡崎陽一共編『高齢化社会への道―高齢化社会シリーズ③―』中央法規

―――、1984a、「『高齢化社会』における家族形態の地域性」『人口学研究』第7号、日本人口学会

―――、1984b、「家族・世帯構成の地域差」『老年社会科学』臨時増刊号、日本老年社会科学会

―――、1985、「日本家族論研究ノート」『アジア・アフリカ文化研究所研究年報』第19号、東洋大学アジア・アフリカ文化研究所

―――、1986a、『人口と家族の社会学』犀書房

―――、1986b、「社会学者森岡清美教授の学説」『比較家族史研究』創刊号、比較家族史学会

―――、1998、「新たに形成されつつある"二世帯住宅"という親子文化」『〈二世帯住宅研究所報〉二重奏』第64号、旭化成・二世帯住宅研究所

―――、1990、「戸田貞三と小山隆―家族人口学研究を中心として―」『比較家族史研究』第5号、比較家族史学会

―――、1991、「長寿社会の到来と家族の変動―東北一農村における事例を手がかりにして―」日本家族心理学会編『新しい家族の誕生と創造』家族心理学年報9、金子書房

―――、1992、『高齢化社会と家族構造の地域性―人口変動と文化伝統をめぐって―』時潮社

―――、1993、「わが国家族の統計的動向」日本農業研究所編『いえとむらの農政学』農山漁村文化協会

―――、1994a、「長寿化と社会変動―家族・世帯変動を中心にして―」坂田義教・鈴木泰・清水浩昭編『社会変動の諸相』ミネルヴァ書房

―――、1994b、「家族文化の多様性」『日本文化論への接近』日本大学精神文化研究所

―――、1994c、「家族構造は変わったのか」住宅金融公庫総務部広報課編『住宅金融月報』第510号、財団法人住宅金融普及会

―――、1995a、「家族変動論再考」『研究紀要』第50号、日本大学文理学部人文科学研究所

―――、1995b、「社会変動と家族―家族変動論再考―」日本社会・文化研究会編『日本人と社会変動―日本社会を解読するⅠ―』人間の科学社

─────、1995c、「家族変動の理論と現実」山下袈裟男監修、東洋大学白山社会学会編『日本社会論の再検討』未來社
─────、1996、「家族構造の地域性―人口変動との関連で」ヨーゼフ・クライナー編『地域性から見た日本―多元的理解のために―』新曜社
─────、1997、「世帯統計からみた家族構造―日本の全体状況と地域性―」熊谷文枝編『日本の家族と地域性［上］―東日本の家族を中心として―』ミネルヴァ書房
─────、1999a、「戸田貞三論―家族論を中心にして―」『東洋大学社会学部40周年記念論集』東洋大学社会学部
─────、1999b、「家族変動への諸アプローチ」野々山久也・渡辺秀樹編『家族社会学入門―家族研究の理論と技法―』文化書房博文社
─────、2004、「東アジアの家族構成と家族構造―欧米との比較分析」比較家族史学会監修、佐藤康行・清水浩昭・木佐木哲朗編『変貌する東アジアの家族』早稲田大学出版部
─────、2011a、「家族のつながり」『統計』第62巻第5号、財団法人日本統計協会
─────、2011b、「日本家族論再考」『社会学論叢』第171号、日本大学社会学会
─────、2011c、「家族構造と家族構成の地域性―国勢調査と理論構築―」『統計』第62巻第11号、財団法人日本統計協会
─────、2012、「家族の範囲」『統計』第63巻第1号、財団法人日本統計協会
笹森秀雄・富川盛道・藤木三千人・布施鉄治編『鈴木栄太郎著作集　Ⅷ　国民社会学原理ノート』未來社
佐藤宏子、2007、『家族の変遷・女性の変化』日本評論社
Susan Orpett Long, 1987, *Family Change and Life Course in Japan*, Cornell University East Asia Program.
田淵六郎・中里英樹、2004、「老親と成人子との居住関係―同居・隣居・近居・遠居をめぐって―」渡辺秀樹・稲葉昭英・嶋﨑尚子編『現代家族の構造と変容―全国家族調査［NFRJ98］による計量分析―』東京大学出版会
高山憲之・有田富美子、2004、『貯蓄と資産形成―家計資産のマイクロデータ分析』岩波書店
竹田旦、1995、『祖先崇拝の比較民俗学―日韓両国における祖先祭祀と社会―』吉川弘文館

武井正臣、1971：225「西南日本型家族における相続と扶養」潮見俊隆・渡辺洋三編『法社会学の現代的課題』岩波書店
太鼓地武、2001、「医療費の地域差の現状」地域差研究会編『医療費の地域差』東洋経済新報社
玉里恵美子、2009、『高齢社会と農村構造—平野部と山間部における集落構造の比較—』昭和堂
戸田貞三、1937、『家族構成』弘文堂書房
土田英雄、1971、「隠居慣行の地域的比較研究」『ソシオロジ　家族と社会—姫岡勤先生追悼特集—』第17巻第1・2合併号、社会学研究会（京都大学）
————、1973、「隠居慣行」姫岡勤・土田英雄・長谷川昭彦編『むらの家族』ミネルヴァ書房
————、1976、「五島の隠居慣行」『大阪教育大学紀要』第25巻　第Ⅱ部、大阪教育大学
————、1980、「隠居慣行と老親扶養慣行」『大阪教育大学紀要』第Ⅱ部門第28巻第2・3号、大阪教育大学
————、1981、「隠居制と家」同志社大学人文科学研究所編『共同研究　日本の家』国書刊行会
宇佐美繁、1992、「家族構成と農業構造」高橋正郎編『1990年世界農林業センサス分析—日本農業の展開構造—』財団法人農林統計協会
上野和男、1984、「大家族・小家族・直系家族」馬淵東一・鈴木二郎監修『社会人類学年報』VOL-10、弘文堂
————、1986、「日本民俗社会の基礎構造—日本社会の地域性をめぐって—」竹村卓二編『日本民俗社会の形成と発展』山川出版社
————、1992、『日本民俗社会の基礎構造』ぎょうせい
八木透、2007、「民俗学からみた日本の家族」日本家族心理学会編『家族心理学年報　25　家族支援の心理教育—その考え方と方法—』金子書房
ヨーゼフ・クライナー編、2012、『近代〈日本意識〉の成立—民俗学・民俗学の貢献—』東京堂出版
————————、2013、『日本民俗学の戦前と戦後—岡正雄と日本民族学の草分け—』東京堂出版
吉田秀夫・三浦文夫、1973、『改訂版　老後の生活と保障』家の光協会

第3章　介護論

　本章では、まず、国の高齢者福祉（介護）政策を概観し、つぎに、居住形態と老親扶養に関する先行研究を紹介する。このことを踏まえて、介護を家族との関連で研究する意義づけをおこなう。

１．介護政策

１－１　介護保険法の成立

　日本の高齢者福祉政策は、1963年の老人福祉法の成立にはじまり、1982年の老人保健法の制定、1983年の老人保健制度の実施、1989年のゴールドプラン（高齢者保健福祉推進十か年戦略）の策定、1990年の老人福祉法等の福祉8法の改正、1994年の新ゴールドプラン（新・高齢者保健福祉推進十か年戦略）の策定、1997年の介護保険法成立、1999年のゴールドプラン21策定、2000年の介護保険法施行という歴史を辿ってきた。

　そこで、本章では、まず、介護保険の内容を概観することを通じて、日本における介護政策の現状を検討することにした。

　介護保険法の第1条には、「この法律は、加齢に伴って生じる心身の変化に起因する疾病等により要介護状態となり、入浴、排せつ、食事等の介護、機能訓練並びに看護及び療養上の管理その他の医療を要する者等について、これらの者が尊厳を保持し、その有する能力に応じ自立した日常生活を営むことができるよう、必要な保健医療サービス及び福祉サービスに係る給付を行うため、国民の共同連帯の理念に基づき介護保険制度を設け、その行う保険給付等に関して必要な事項を定め、もって国民の保健医療の向上及び福祉の増進を図ることを目的とする」と規定している。さらに、

介護保険制度創設の意図は、「現行制度の抱える問題を解決するため、高齢者介護が老人福祉と老人医療に分立している現行の制度を再編成し、社会保険方式を導入することによって、高齢者介護に関する統一的な制度を創り、福祉サービスも保健医療サービスも同様の利用手続き、利用者負担で、利用者の選択により、総合的に利用できる利用者本位の仕組みを構築する」(佐藤、1999：33)ことにあるとしている。

　また、この介護保険制度創設の背景には、①高齢化の進展に伴う要介護高齢者の増大と介護期間の長期化、②核家族化の進展、介護する家族の高齢化など要介護高齢者を支えてきた家族をめぐる状況の変化、③老人福祉制度や老人保健制度等の従来の制度で対応することの限界、④公費財源で将来の介護サービスを行うことの限界、⑤他の先進国の取り組みが、あったが、介護保険には、つぎの諸点が制度上の基本理念・目標の実現にあった(佐藤、1999：37-38)と述べている。佐藤信人は、この点について、①高齢者介護に対する社会的支援、②高齢者自身による選択、③在宅介護の重視、④予防・リハビリテーションの充実、⑤総合的、一体的、効率的なサービスの提供、⑤市民の幅広い参加と民間活力の活用等を挙げている(表3-1)。

第3章　介護論

表3－1　介護保険制度の基本理念と目標の実現に向けた取組

基本理念と目標の実現に向けた取組	内　容
高齢者介護に対する社会的支援	介護サービスは、加齢に伴う障害等により自力で日常生活をおくることが困難な高齢者に対して提供されるものであり、高齢者の自立を支援し、その多様な生活を支える観点から、幅広いサービスを社会的に提供することを基本とする。
高齢者自身による選択	高齢者が利用しやすく、適切な介護サービスが円滑かつ容易に手に入れられるよう利用者本位の仕組みにする。このため、高齢者自身がサービスを選択することを基本に、専門家が連携して身近な地域で高齢者及びその家族を支援する仕組み（ケアマネジメント）を確立する。
在宅介護の重視	高齢者の多くが、できる限り住み慣れた家庭や地域で老後生活をおくることを願っていることから在宅介護を重視し、一人暮らしや高齢者のみの世帯でも、できる限り在宅生活が可能になるよう24時間対応を視野に入れた支援体制の確立を目指す。
予防・リハビリテーションの充実	予防の考え方を重視し、高齢者ができる限り要介護状態にならないようにすることが重要である。高齢者の日常生活における健康管理や健康づくりを進めるとともに、介護が必要な状態になっても、その悪化を防ぐため、市町村の老人保健事業など関連施策との連携を図りながら、予防やリハビリテーションの充実を目指す。
総合的、一体的、効率的なサービスの提供	介護が必要な高齢者に対し、個々のニーズや状態に即した介護サービスが適切かつ効果的に提供されるよう、多様なサービス提供主体による保健、医療、福祉にわたる介護の各サービスが総合的、一体的、効率的に提供されるサービス体系を確立する。
市民の幅広い参加と民間活力の活用	高齢社会においては、高齢者自身の自立・自助を基本としつつ、地域住民、ボランティアが、人間的なふれあいを大切にしながら、高齢者介護を支えていく共助の考え方が重要であり、こうした市民参加型の体制を組み入れたシステムを構築する。また、民間事業者や市民参加の非営利組織などの参加により多様な介護サービスの提供を図る。

（出典）佐藤信人、1999、『介護保険－制度としくみ－』建帛社、37－38頁。

1－2　介護保険法の改正

　介護保険法は、制定後に3回（2005年、2008年、2011年）一部改正が行われた。それぞれの一部改正の概要を列挙すると、2005年改正は、①介護予防重視システムの確立、②新たなるサービス体系の確立、③施設給付の見直であった（表3－2）。

表3－2　介護保険制度の一部改正（2005年）

新たな取組	見直しの背景	具体的な方策
1．予防重視型システムの確立	制度スタート後、要介護認定を受ける方が増加したが、とくに、軽度者（要支援、要介護1）が大幅に増加し、認定者の半数を占めている。軽度の方の状態を踏まえ、できる限り要支援要介護状態にならない、あるいは、重度化しないよう「介護予防」を重視したシステムの確立をめざす。	（1）新予防給付の創設―介護保険の基本理念である「自立支援」をより徹底する観点から、現行の予防給付について、対象者の範囲、サービス内容、ケアマネジメントを見直し、「新たな予防給付」へと再編する。 （2）地域支援事業の創設―要支援、要介護状態になる前からの予防介護を推進するとともに、地域における包括的・継続的なマネジメント機能を強化する観点から、市町村が実施する「地域支援事業」を創設する。
2．施設給付の見直し	施設給付の見直しは、施設に入所されている方について居住費・食費の負担をお願いする。これは、在宅生活の方との「公平性」の観点等から行うもので、高齢者の方にもお支払いいただいている介護保険料の引き下げ幅をできる限り抑える。	（1）居住費・食費の見直し―従来の制度では、同じ要介護状態の方でも、在宅生活の方と施設に入所（入院）されている方では、実質的な費用負担に2倍程度の差があったので、これを見直す。また、居住費、食費といった基礎的な生活費用は年金制度でカバーされているにもかかわらず、介護保険でも給付対象となっており、両者の重複を調整する。 （2）所得の低い方に対する配慮―所得の低い方の施設利用が困難にならないよう、負担軽減を図る観点からあらたな補足給付を創設する。

第3章　介護論

3．新たなサービス体系の確立	認知症高齢者や一人暮らし高齢者が増加している。こうした方々ができる限り住み慣れた地域での生活が継続できるよう「地域密着型サービス」の創設や「居住系サービス」の充実等のサービス体系の見直しを行うとともに、「地域包括支援センター」の設置等による「地域包括ケア体制」の整備を進める。また、サービスの充実が求められている「中重度に対する支援」を強化するとともに、「医療と介護」の連携強化・機能分担の明確化を図る。	（1）地域密着型サービスの創設―介護保険法の目的規定に「尊厳の保持」を規定するとともに、住み慣れた地域で、地域の特性に応じた多様で柔軟なサービス提供が可能となるような新たなサービス体系として「地域密着型サービス」を創設する。 （2）在宅サービスの充実―「居住系サービス」である特定施設について、対象を拡大するとともに、サービス提供形態を多様化する。有料老人ホームについては、入居者保護の観点から、定義の見直し（人数要件の廃止など）、情報開示の義務化、倒産等の場合に備えた一時金保全措置の義務化などを行う。また、養護老人ホームの入所者が介護保険サービスを利用できるようにする。 （3）地域包括ケア体制の整備―「地域包括ケア」の考え方は、高齢者が住み慣れた地域で尊厳のある生活を継続することができるよう、要介護状態になっても高齢者のニーズや状態の変化に応じて必要なサービスが切れ目なく提供される「包括的かつ継続的なサービス体制」をめざすものである。こうした体制を支える地域の中核機関として、新たに「地域包括支援センター」の設置を進める。 （4）中重度者の支援強化、医療と介護の連携・機能分担―中高度者について在宅継続のための支援を強化するとともに、施設等における重点化対応や看取りへの対応の強化を図る。医療との連携が必要な要介護者への対応を強化する観点から、ケアマネジメントにおける主治医等との連携の強化を図る。また、療養病床については、介護保険と医療保険の機能分担の明確化等の観点から医療の必要性に応じた再編成を進める。

4．サービスの質の確保・向上	利用者の適切な選択と競争の下で、良質なサービスが提供されるよう、情報の公表を義務付け、サービスの専門性・生活環境の向上、事業者規制を見直す。また、ケアマネジメントについては、包括的・継続的マネジメントの推進、ケアマネジメントの資質・専門性の向上、公正・中立の確保などの観点から見直す。	（1）介護サービス情報の公表―介護保険のサービスが利用者に適切かつ円滑に選択され、利用されるよう、事業者・施設に対し、必要な情報の公表を義務付ける仕組みを導入する。 （2）サービスの専門性と生活環境の向上―サービスの質の確保・向上のため、サービス担当者の専門性の向上を図るとともに、施設等における生活・療養環境の改善を進める。 （3）事業者規制の見直し―不正事業者などに対する事後規制ルールを強化する観点から、指定の欠格事由、指定の取消要件の追加や指定の更新制の導入など、事業者規制を見直す。 （4）ケアマネジメントの見直し―包括的・継続的ケアマネジメントの推進、ケアマネジャーの資質・専門性の向上、公正・中立の確保などの観点から、制度及び介護報酬の見直しを行う。
5．負担の在り方・制度運営の見直し	第1号保険料の設定方法や徴収方法の見直し、公平・公正の観点から要介護認定事務の見直しを行うとともに、保険者機能の強化の観点から、市町村のサービス事業者に対する権限等の見直しを行う。	（1）第1号保険料の見直し―第1号被保険者の保険料は所得に応じた定額の段階設定（5段階が基本）となっているが、平成18年4月から従来の第2段階を分け、負担能力の低い方には保険料負担の軽減を図っている。 （2）要介護認定の見直しと保険者機能の強化―新規の要介護認定については市町村による認定調査の実施を原則とする。また、市町村が保険者としての機能をより発揮できるよう、市町村が事業所へ直接立ち入りできるように権限を付与するなどの見直しを行う。さらに、市町村の事務負担の軽減と効率化を図る観点から、介護保険業務に精通し、公正な立場で事業を実施できる法人（＝事務受託法人）に認定調査などの業務を委託できるようにする。

		（3）費用負担割合等の見直し―国庫補助負担金の改革に伴い、都道府県指定の介護保険施設及び特定施設に係る給付費について国と都道府県の負担割合を見直す。また、介護専用型以外の特定施設について、都道府県介護事業支援計画に必要利用定員総数を定めて、それを超える場合に指定しないことを可能にするとともに、住所地特例の対象とする。 （4）地域介護・福祉空間整備等交付金の見直し―地域介護・福祉空間整備等交付金について、①都道府県交付金は廃止、一般財源化する一方、②市町村交付金は対象事業の範囲を拡大し、利用しやすい制度に改善する。

（出典）厚生労働省、2006、「介護保険制度改革の概要―介護保険法改正と介護報酬改定―」

　2008年改正の主な内容は、①介護事業運営の適正化を図るために、介護事業者に対する法令遵守等の業務管理体制整備の義務付け、②事業者の本部等に対して国、都道府県の立入調査権の創設、③不正業者に対する処分逃れ対策、不正事案の再発防止等の措置が講じられた。

　この改正の背景には、「2007（平成19年）6月、制定実施以来、訪問介護事業分野で最大の民間企業であったコムスンが、指定基準違反等の不正行為と処分逃れを繰り返していたことから、厚生労働省から新たな指定更新は不適当とする事実上の事業停止の行政指導を受け、その後、コムスンは介護事業から撤退することとなった、いわゆるコムスン事件の存在があります。この事件を契機に、介護事業分野においても、法令遵守（コンプライアンス）の重要性が強調されました」（社団法人全国老人保健施設協会編、2010：61）。こうしたことが、2008年の一部改正に至ったとされている。

　2011年改正は、①日常生活圏域において、医療、介護、予防、住まい、生活支援サービスが切れ目なく、有機的かつ一体的に提供される「地域包括ケアシステム」の実現に向けた取組を進めること、②給付の効率・重点化な

どを進め、給付と負担のバランスを図ることで、将来にわたって安定した持続可能な介護保険制度を構築することを見直しの基本にしたとされている。

とくに、「地域包括ケアシステム」が求められる理由として、2025年の高齢社会を踏まえると、①高齢者ケアのニーズの増大、②単独世帯の増大、③認知症を有する者の増加が想定される、そのためには、介護保険サービス、医療サービスのみならず、見守りなどの様々な生活支援や成年後見等の権利擁護、住宅の保障、低所得者への支援など様々な支援が切れ目なく提供されることが必要であるが、現状では、各々の提供システムは分断され、有機的な連携がみられない。そこで、地域において包括的、継続的につないでいく仕組みとして「地域包括ケアシステム」が必要とされてきたという。この「地域包括ケアシステム」とは、ニーズに応じた住宅が提供されていることを基本にした上で、生活上の安全・安心・健康を確保するために、医療や介護、予防のみならず、福祉サービスを含めた様々な生活支援サービスが日常の生活の場（日常生活圏域）で適切に提供できるような地域での体制とし、その際、地域包括ケア圏域については、「おおむね30分以内に駆けつけられる圏域」を理想として定義し、具体的には、中学校区を基本とするとなっている。

このような見直しの基本理念にしたがって、①医療と介護の連携の強化等、②介護人材の確保とサービスの質の向上、③高齢者の住まいの整備等、④認知症対策の推進、⑤保険者による主体的な取り組みの推進、⑥保険料の上昇の緩和についての取り組みを強化した。この中で、いくつかの取り組みについて、若干の説明を加えると、③については、いわゆる「高齢者住まい法」の改正に伴って「サービス付き高齢者向け住宅」が創設された。これにより、従来の高齢者向け円滑入居優先住宅、高齢者専用賃貸住宅、高齢者優遇賃貸住宅は廃止され、「サービス付高齢者住宅」に一本化された。この法律は、介護に不安を抱く高齢者が住み慣れた地域で生活が可能となることを基本にしているが、バリアフリー構造等を有し、介護と医療と連携して、高齢者を支援するサービスを提供することを企図している（表3－3）。

第3章　介護論

表3-3　介護サービスの基盤強化のための介護保険等の一部改正（2011年）

新たな取組	具体的な方策
1．医療と介護の連携の強化等	①医療、介護、予防、住まい、生活支援サービスが連携した要介護者等への包括的な支援（地域包括ケア）を推進。 ②日常生活圏域ごとに地域ニーズや課題を踏まえた介護保険事業計画を策定。 ③単身・重度の要介護者等に対応できるよう、24時間対応の定期巡回・随時対応サービスや複合型サービスを創設。 ④保険者の判断による予防給付と生活支援サービスの総合的な実施を可能とする。 ⑤介護療養病床の廃止制限（平成24年3月末）を猶予（新たな指定は行わない）。
2．介護人材の確保とサービスの質の向上	①介護福祉士や一定の教育を受けた介護職員等によるたんの吸引等の実施を可能とする。 ②介護福祉士の資格取得方法の見直し（平成24年4月実施予定）を延期。 ③介護事業所による労働法規の遵守を徹底、事業所指定の欠格要件及び取消要件に労働基準法等違反者を追加。 ④公表前の調査実施の義務付け廃止など介護サービス情報公表制度の見直しを実施。
3．高齢者の住まいの整備等	○有料老人ホーム等における前払金の返還に関する利用者保護規定を追加。 ＊厚生労働省と国土交通省の連携によるサービス付き高齢者向け住宅の供給を促進（高齢者住まい法の改正）。
4．認知症対策の推進	①市民後見人の育成及び活用など、市町村における高齢者の権利擁護を推進。 ②市町村の介護保険事業計画において地域の実情に応じた認知症支援策を盛り込む。
5．保険者の主体的な取り組みの推進	①介護保険事業計画と医療サービス、住まいに関する計画との調和を確保。 ②地域密着型サービスについて、公募・選考による指定を可能とする。
6．保険料の上昇の緩和	○各都道府県の財政安定化基金を取り崩し、介護保険料の軽減等に活用。

（注）1⑤、2②については公布日施行。その他は平成24年4月1日施行。
（出典）厚生労働省「介護保険制度改正の概要及び地域包括ケアの理念」。

また、今回の改正により創設される定期巡回随時対応サービス等の介護サービスの組み合わせとその普及が期待されている。⑥については、第1号保険料の上昇の緩和のために、都道府県は2012年度に限り、財政安定化基金の一部を取り崩すことができる（公益社団法人全国老人保健施設協会編、2011：52-53）ことになった。

1-3　介護保険制度の課題

　2011年改正では、介護保険制度の基本理念・目的を達成する方向性が示されたことになるが、今後の課題として、つぎのようなことがあるという。その課題として、「この事業が成り立つためには、一定数の介護職員と看護職員の確保とともに、地域において相当数の要介護高齢者が在宅生活を送っていることが前提になります」（公益社団法人全国老人保健施設協会編、2011：54）。しかし、「相当数の要介護者を確保するためには、ひとつの事業所がある地域を独占的に担当することが必要となりますが、これは『利用者の選択』という介護保険の理念とのバランスが問題となります」（公益社団法人全国老人保健施設協会編、2011：54）。また、「高齢化の進行に伴う高齢者人口の増大、要介護高齢者の増大、介護サービス利用の一般化等により、これからも介護保険給付費は増大が予想されています。これを支えていくためには、国・地方自治体の公費負担の上昇か、利用者負担増か、保険給付の削減か、対応の方法は限られています」（公益社団法人全国老人保健施設協会編、2011：54）が、今回の利用者負担増の見送りは、「現在よりも厳しい財政状況の中で、給付と負担のバランスについて議論し、何らかの対応を考えなければ」（公益社団法人全国老人保健施設協会編、2011：55）ならなくなった。この給付と負担のバランスをとる一つの方法として、「介護保険が抱えている高齢者福祉分野的な事業を介護保険から切り離し、本来の高齢者福祉行政において対応することによって、介護保険財政がカバーする範囲を介護保険の守備範囲に純化し、介護保険財政の負担を軽減していくことが、財政安定化のために必要になってきている」（公益社団法人全国

老人保健施設協会編、2011：55）。さらに、「高齢者の住まいについては、高齢者住まい法に基づく『サービス付高齢者向け住宅』がどのような伸びを示すか注目されます。従来の介護保険施設に加えて、特定施設等の住居系の施設、そして『サービス付高齢者向け住宅』と、高齢者の居住施設が多様化していますが、このことが介護保険の居住サービスや施設サービスにどのような変化をもたらすこととなるのか、今後の動向を見守る必要があります」（公益社団法人全国老人保健施設協会編、2011：55）と述べている。

ともあれ、介護保険制度は、このような課題を抱えている(1)。

沖藤典子は、これまでの様々な経験を踏まえて、介護保険制度のあり方について、つぎのような提言を行っている。

1－4　介護保険制度への提言

沖藤典子によれば、「介護保険サービスの利用状況を見ると、77％が居宅サービス（ホームヘルプサービスやデイサービス、福祉用具レンタルなど在宅介護サービス）を利用しており、圧倒的多数は…要支援等、要介護1、要介護2の介護認定の軽い人々である。要介護が上がるにつれて、居宅サービスの利用は少なくなるが、要介護5の人々でも約四割が利用している。またさらに『ホームヘルプサービス』に限ってみると、その利用者は全体の約二割。介護保険サービス費用の割合は一割に過ぎない」（沖藤、2010：29）としている。

「しかしながら割合は少ないとはいえ、ホームヘルプサービス利用者は制度発足後急増した。いかに多くの家族や高齢者が、介護の専門職の目と手を待っていたか、如実に示すものがある。また、『ホームヘルパーを頼むなんて、嫁として失格』『世間体が悪い』『家の中を見られる』などの心理的抵抗が薄くなり、『専門家に頼むのが、いい介護』という介護観への変化もあったと思う。高齢者にとって、人気メニューとなったことは確かだ。老いた人々がもっとも頼りにしているホームヘルプサービス、その中でも生活援助、費用の面では微々たるものなのに、それが『制度の持続性』

を揺るがすものとして、議論になったのである。介護保険は『我が家にいたい』『ここで老いを全うしたい』という人々の思いに応えているのだろうか」(沖藤、2010：29-30)との疑問を投げかけている。

　沖藤は、このことを踏まえて、介護保険制度への五つの提言を行っている（表3-4）。

表3-4　介護保険制度への五つの提言

提言事項	提言内容
1．生活を守る視点で制度の運用を	①同じ保険料で同じ介護認定段階（ランク）の人には、同居者の有無に関係なく、公平なホームヘルプサービスが保障されなければならない。 ②介護保険を第二医療保険にしてはならない。介護保険から軽度者をはずして、中・重度者のみとする意見が、ここ数年跋扈した。…軽度要介護者の重度化防止こそが、介護保険の本丸ではないだろうか。 ③介護保険は、自立生活を幅広く支援するものである。一律・機械的な判断は、介護保険から人の心を奪った。「介護保険栄えて生活崩壊する」という事態は、あってはならない。
2．「施設介護から在宅介護へ」の流れを実現させる	①ホームヘルプサービス（家族同居の場合の）の「費用の額の算定に関する基準」の見直し。現行の「障害・疾病等」に「老老介護」「家族の介護疲れ」「日中独居」を加える。 ②「清潔」と「適切な栄養」を実現させるプログラムを明確にする。 ③在宅生活を守る諸サービス（散歩や福祉用具レンタル他）や、医療ニーズなどへの対応。…在宅要介護者への施設利用誘導や、介護施設利用者とのサービスの不公平もまた、是正される必要がある。
3．介護保険制度をシンプルに	①報酬改定は基本報酬中心とする。 ②利用制限額（区分支給限度額）は、介護報酬アップにより、利用料も上がったため実情に合わなくなった。自費負担が増えており、ここにも制度への不信感が語られている。 ③介護認定のあり方は、国民の信頼を守るものとして、慎重に検討される必要がある。

4．介護人材への手厚い処遇を	①昨今の介護クライシスは、制度施行以来二回続いたマイナス改定による経営難から起こった。それは介護現場から人材を流出させた。労働に見合う賃金か、ということへの疑問が拍車をかけている。 ②人件費は、「人権費」である。将来展望が可能で、納得のできる賃金と人員配置基準の見直しが必要である。そのことが介護の職場で働く人の社会的地位を高める。 ③経営者の経営理念や、将来のキャリアの方向性が見える雇用管理が必要である。
5．制度には絶対的信頼性と安心を	①「社会保障は新たな投資」とする政策転換により、「人間を大切にする」財源確保を期待したい。 ②介護予防は重要な観点である。今後は地域の独自性に合わせた展開が求められており、財源と方法に再検討が求められる。 ③介護保険は、新たな連帯として出発した。高齢期を生きる人、介護保険を利用する人、介護の現場で働く人、介護サービス事業者など、多くの人々の意見が反映されなければならない。「絶対的信頼と安心」を獲得する制度の誠実さ、これこそが介護保険の生命線である。

(出典) 沖藤典子、2010、『介護保険が老いを守るか』(岩波新書) 岩波書店、235－239頁。

　このように介護保険制度の導入は、家族と介護の問題とも深く関わっている。そこで、つぎに、これまで展開されてきた居住形態と老親扶養に関する先行研究を概観し、介護の問題を家族との関連で研究する意義について検討することにしたい。

2．居住形態論

　人口高齢化と高齢者の平均余命の伸長は、老親扶養、とりわけ介護について改めて考える契機となった。この課題は、老年社会学、社会福祉学、家族社会学の分野で研究が進められてきたが、那須宗一、湯沢雍彦、岡村益、森岡清美、三浦文夫、山井和則らは、老親扶養の問題を居住形態との関連で分析する枠組みを提示した。さらに、この枠組みに基づいて研究を

展開し、多くの研究成果を紡ぎ出してきたが、黒田俊夫は、別の視点から議論を展開している。

このような研究史の紹介に先立って、現在提示されている居住形態に関する概念に触れておきたい。

2－1　居住形態概念の多様性

居住形態とは、同居（一般的には住居、生計、食事を一緒にすること）、別居（住居、家計、食事を別にすること）のことであるが、居住形態については、今日様々な概念が提示されている。

それでは、何故、このような居住形態に関する多様な概念が提示されるに至ったのであろうか。それは、一言でいえば、従来の概念では、今日的状況が理解できなくなったからである。このことに逸速く気づいたのが湯沢雍彦である。湯沢は、1960年代後半に東京都区内で実施した調査で一子継続同居、多子継続同居、独立後一子同居、独立後多子同居、一子同居後独立、多子同居後独立、独立継続との居住形態分類で調査結果を分析している（湯沢、1970：60－97）。

その後の動向も含めた概念の推移を紹介しておきたい。まず、同居についてみると、1960年代前半まで、同居の生活内容を尋ねた調査は、実施されていなかった。ところが、湯沢の調査を契機にして、老親と子どもとの日常生活を三つの側面（住居、生計、食事）から検討し、「完全同居」と「準同居」との分類が提示された。その後、人間の一生のなかで居住形態がどのように変化するかに着目し、「生涯同居」と「晩年同居」とに分け、後者については、さらに子どもが親の住居に移る「子移住型同居」と親が子どもの住居に移る「親移住型同居」とに分けたものが提示されている（表3－5）。

表3－5　同居に関する概念

概　念	内　容
準同居	「同一屋敷内別棟もしくは同一家屋内別室居住」（湯沢、1970：49）、「おもな居室と生計の大部分は分離しているが、面接交渉が随時可能な同一宅地内に居住する両核家族世帯の連合形態」（湯沢、1970：49）
準同居	「住むところは同じところであるにしても、それぞれが独立した生活する場（部屋）をもち、食事など一応別々にし、必要に応じて一家そろって団らんを楽しんだりする生活の仕方である」（吉田・三浦、1973：281）
準同居	「仮りに同居をしていながらも別棟、家計、食事等をそれぞれ別にする同居形態を準同居と名付ける」（三浦、1978：7）
完全同居型	「『同じ棟に住み』かつ『家計も食事も大体一緒』」（三浦、1979：78）
生涯型同居 晩年型同居 子移住型同居 親移住型同居	「同居の形態は、子どもの結婚当初からの同居、すなわち（親の立場からすれば）『生涯型同居』と、子どもが結婚したときには一時的に別居して、親が晩年になってから同居する『晩年型同居』にわかれていくと考えられる。…さらに、この晩年型同居にも、子夫婦が親の家へ移るケースと、親が子夫婦の家へ移るケースの両者が考えられる。ここではさし当たり前者を、『子移住型同居』、後者を『親移住型同居』と呼んでおく」（増田、1980、129－130）

（出典）清水浩昭、1982、「世帯および家族の構造」三浦文夫・岡崎陽一共編『高齢化社会への道─高齢化社会シリーズ③─』中央法規、152頁。

　これは、生活実態に即した分類であるが、意識面から分類したものとして、いかなる条件にもかかわらず、同居を志向するものを「一貫同居志向」とし、ある条件、例えば、本来、親と別居することを原則にしているが、孫が入学するまで親に世話してもらうとの条件で同居するものを「条件つき同居志向」とに分けたものとである（清水、1986：293－297）。この分類は、つぎのような調査に基づいてなされたものである（表3－6）。

表3－6　同居に関する調査

> 問9　将来、あなたが年をとって、お子さんが結婚された後の生活は、どのようにするのがよいとお考えですか。
> 　　次にあげたそれぞれについて、お答えください（お子さんがいない場合は、いるものとして、お答えください）。
>
> （1）夫婦がそろって元気でいるとき
> 　1　子夫婦と同居したい
> 　2　子夫婦と別居したい
> 　3　どちらともいえない
>
> （2）夫婦のどちらかの身体が弱くなったとき
> 　1　子夫婦と同居したい
> 　2　子夫婦と別居したい
> 　3　どちらともいえない
>
> （3）夫婦のどちらかが一人になったとき
> 　1　子夫婦と同居したい
> 　2　子夫婦と別居したい
> 　3　どちらともいえない

（出典）内閣総理大臣官房老人対策室、1978、『昭和52年度老人問題総合調査報告―老後生活への展望に関する調査―』103頁。

　別居については、老親と子どもとの物理的距離と社会的距離を基準にして分類したのものである。物理的距離での分類として、「分居」（「近居」）と「散居」（「遠居」）が、物理的距離と社会的距離とに基づく分類としては、「準同居」と「隣居」がある（表3－7）。

　意識面から分類したものとして、老親は同居したくても別居を余儀なくされるものを「非自発的別居」とし、「別れて暮らす方が、気が楽である」との意識に基づくものを「自発的別居」「選択的別居」とした。また、生涯一貫して別居を志向するものを「一貫別居志向」とし、ある条件（例えば、親が元気なうち）のもとで別居するものを「条件つき別居志向」とした。

第 3 章　介護論

表 3 − 7　別居に関する概念

概　念	内　　容
準別居	「日常接触できる程度の距離に子どもの世帯があり、老人世帯とは一応別になっているが、その結びつきは同居家族と同じような濃密なものということである」（吉田・三浦、1973：281）
分　居 散　居	「別居のうち日常的接触が可能な近い距離の別居を分居といい、日常的接触が不可能な遠方別居を散居とよんで区別したい」（森岡、1976：4）、「一時間以内というのは分居の距離としては遠すぎると考えられるが、かりに一時間以内を分居、以上を散居とみなしておこう」（森岡、1976：8）
隣　居 準同居	「別居といっても子どもが隣近所におり、日常的に濃密な接触をもち、機能的には同居に近い形態（隣居とか準同居ということができる）」（三浦、1979：72）

（出典）清水浩昭、1982、「世帯および家族の構造」三浦文夫・岡崎陽一共編『高齢化社会への道―高齢化社会シリーズ③―』中央法規、152頁。

　それでは、こうした居住形態と老親扶養とは、どのような関係を有しているのか。また、何故、老親扶養を居住形態との関連で研究する意義があるのか。これらの点について、つぎに、検討することにしたい。

3．居住形態と老親扶養

3 − 1　那須宗一の見解

　那須は、年齢と家族との関係を視野に入れて老親扶養の問題に接近している。那須によれば、「人間が社会的に行動する空間範囲は年齢によって広狭がある。年齢の成長につれて行動半径は拡大し、中年期にもっとも大きく拡がるが、やがて老年期にはいると再び縮小する」（那須、1962：161）。これは、「定年のため職業的活動から身を退くとまず居住地と職場とを結ぶ行動圏は失われる。（中略）したがって、日常接触できる生活範囲は比較的歩行に便利な地域社会に限定される。さらに老年期が進行するとその歩行範囲も自宅の庭いじりの程度にとどまり、やがて歩行も不自由になって

家屋内に終日寝起きするだけになる。そして親しい友人の死亡通知を受け、気心の知れた来訪者の数も減少する。このように家族以外の接触面は減少するが、反対に親族をも含めて家族との接触の密度はしだいに濃度をますことになる。これを一日の生活時間の構造からみても老年期は家庭のなかで過す時間が長い。老年期になると職業集団や地域集団に拘束された時間が縮少し、家庭内で過す自由時間が長くなるから、しぜん家族と接触する時間が増加する」(那須、1962：161-162)。こうした変化によって、「老年期は家族生活の比重がいちだんと強まるだけに、家族の構造と機能は老後の生活構造を左右する要因としてきわめて重要性を帯びるものと言うべきである」(那須、1962：162) としている。

　那須は、このように高齢者を家族との関係で検討することの意義づけについて議論するとともに、当時の日本における家族の状況にも言及している。那須によれば、「一般に老後の家族構造は直系家族の制度的変化によって歴史的にそれぞれ違った内容をもっているが、近代家族では年老いた親は成人した子どもとどのような扶養関係におかれているのであろうか。戦後の家族構造が戦前の家長たる男子を中心とする集団本位の家族から夫婦生活を中心とする個人本位の家族へ移行することは一般に認められる事実である」(那須、1962：162) との認識に基づいて家族の国際比較を試みた。その結果、日本の高齢者家族の一般的形態は、「子供夫婦と孫との同居形態である。したがって、欧米家族にみられるような老後の心理的孤独の問題よりは、老親の経済的扶養や子供夫婦との世代的対立や葛藤がより本質的な問題である。日本の老人家族が当面している問題の今後の解決の方向としては、同居形態をとりながら、しかも機能的には、別居形態の方向に接近しながら解決を求める姿勢が、日本における第三の家族形態の方向であると考えるのである」(那須、1962：199) と述べている。これは、その後に展開される「修正直系家族」(修正拡大家族) につながる議論である。

　那須は、1970年代になると、「老人の家族扶養が、同居扶養によるか、別居扶養によるか、またそのばあいの扶養内容にどのような変化や差異が存

在するかは、家族居住形態（living arrangements）にかかわる老人扶養の研究課題である」（那須、1970：13）とし、日本における家族構造の状況を勘案すると、老親扶養の問題は居住形態との関係で分析することが研究課題の一つになることを提示するとともに、「約1世紀を要して夫婦中心の家族行動を習慣化してきた欧米では、老人にたいする家族扶養の形態は同居扶養から別居扶養に移行してきた。現代家族の別居扶養は修正拡大家族（modified extended family）と呼ばれ、別居の子ども家族との世代間の結びつきを高める方向をもつものとされている。（中略）しかし日本の老人家族が現在でも圧倒的に子どもと同居する直系家族制形態であり、将来にわたっても同居扶養の居住形態であるという現実性をふまえるならば、同居扶養と内容の変化を検討することこそ老人扶養問題の核心にせまるものである」（那須、1970：13-14）としている。

これは、老親扶養の問題を居住形態との関連で研究する意義について論じた先駆的な見解である。

3-2 湯沢雍彦の見解

湯沢雍彦は、要扶養性からみた類型論を提示している。そこで、この類型論を紹介しておきたい。湯沢によれば、「扶養は経済面だけでなく、弱ってきた身体活動の介護（いわゆる「身の廻りの世話」）、孤独感、寂寥感等失われた独立気力に対する心理的援助、および失われた配偶者の役割についての何らかの代替、等の諸側面をもつ。そして、筆者は、これらの要因を組合せた類型から要扶養性を分けることをつぎに提唱してみたい（配偶者の役割はそれぞれに含まれると考えて独立させない）」（湯沢、1970a：33）とし、その類型について、つぎのような説明を行っている。「自活経済力の有無、健康度の良否（日常生活行動能力の有無）、非依存心（独立生活気力）の有無で組合せると、表3-8のような八つの類型ができるが、扶養援助が全く要らない1型から、全面的な援助を必要とする8型まで、要扶養性は種々異なったタイプで存在する。しかし、これら要扶養性をもつ老人にとって、

子家族との同居が必要かどうかというと、1型が全く同居の必要なく、8型が大いに必要ありといえる他は何ともいえないのであり、これらの要扶養性は同居扶養と直接連関するものでないことがわかる。なお、これらの要因を組合せた調査研究はないので、各類型別に実際どの位の割合で老人が存在するかを述べることは、残念ながら現段階ではできない」(湯沢、1970a：33-34) としている。

表3-8　要扶養性の類型

類型	経済力	健康度	非依存心	必要な扶養援助	子との同居の必要
1型	○	○	○	なし	全くなし
2型	○	○	×	精神的	健康な配偶者の有無による
3型	○	×	○	身体的	
4型	○	×	×	身体的 精神的	
5型	×	○	○	経済的	
6型	×	○	×	経済的 精神的	
7型	×	×	○	経済的 身体的	
8型	×	×	×	経済的 身体的 精神的	大いにあり

(出典) 湯沢雍彦、1970、「老人扶養問題の構造と展開」那須宗一・湯沢雍彦共編『老人扶養の研究―老人家族の社会学―』垣内出版、34頁。

さらに、今後の高齢者別居は、避けられないとの認識に基づいて、一つのイメージを描いている。これは、将来の日本における方向を考える参考になる。そこで、このイメージを紹介してしておきたい。

日本の家族は、「今後都市化の一層の進行にともなって老人別居は避けられない状勢にあると思われるが、その方向は単純ではない。最大多数を

第3章　介護論

占める都市勤労者家族を中心に、そのイメージを描いてみよう。

　第一に、いずれの子も結婚直後は親と別居しよう。標準的なファミリー・サイクルでいえば、この頃は、両親とも50歳台で健康であるから、末子婚出後は老人夫婦のみの暮らしとなる。ただし、親子の接触は、むしろ親から子に向けての方が多くなされよう。親へのサービスの方がより大きくなるのは、長子の結婚後約10年たった、父65歳頃からであろう。経済的援助をどれほど要するかは年金と医療費制度の充実にかかわっているが、身の廻りの世話とおとろえた精神力の援助は欠かせないものとなってこよう。これが、同一敷地内別棟もしくは同一家屋内別室居住という準同居（おもな居室と生計の大部分は分離しているが、面接交渉が随時可能な同一宅地内に居住する両核家族世帯の連合形態）、または、徒歩数十分の近距離居住によるintimacy at distannce（親交別居）によって、親族による役割が充足されれば別居は続けられるが、二人とも衰弱したり、配偶者と死別した場合には、子家族との同居か施設に入るかが問題となる。現在のところ、老人ホームへ入所を希望する老人は2％以下であるが、子の数の減少とホームの改善から、希望者の割合はかなり上向くものと思われる。しかし、大部分の日本老人は、多くの障害はあっても可能な限り子家族との同居の途を選ぶであろう。その場合は、有配偶の子よりも無配偶の子を、男子よりも女子の方を選ぼう。長男子同居の無選択原理から選択の原理への転換である。この傾向は、イギリスやアメリカで著しいだけでなく、わが国でもすでに東京都区部のような大都市地域ではすでに見えはじめてきた現象なのである（たとえば、昭和43年の実施の法務省、「家族法に関する世論調査」の結果参照）。さらに高齢を重ねて衰弱がひどくなり寝たきりになったときには、施設の数と医療保障さえ十分得られれば、子家族への圧迫をさけるために特別養護老人ホームへの途がとられるべきである。そこでのリハビリテーションが効を奏せば、ふたたび子家族へ復帰することはいうまでもない。かくして、別居―同居―別居―同居というように移動することがモデル・パターンとなり、固定的な長男子継続は衰退しよう。また、別居するか同居するか、同居す

る場合も誰と同居するかは、子と協議した上での老人の選択で決定され、いずれの場合も経済的自活能力のあることが、その主体的生き方を保障することになる」(湯沢、1970a：49-50)と述べている。その後、「老親扶養と同・別居問題は、次のように移行する傾向がうかがわれるといえよう。①扶養の中心が経済的給付問題から同居・別居問題へ。②無条件の継続同居から、親の健康度を加味した条件付き選択同居へ。③生活内容を統合したべったり同居からなるべく分離した隣居(的同居)へ。④初老期同居から、中老期・高老期同居へ」(湯沢、1982：273-274)としている。

これは、今から約30〜40年前の論考であるが、現時点においても通用する側面を有している。

3-3　岡村益の見解

岡村益は、福島県の隠居制家族と那須が提示した「修正直系家族」を対比しながら居住形態と老親扶養の問題を考察するとともに、そこから導き出した知見に基づいて新たな問題提起を行っている。

岡村は、「都市家族と共通なレベルで、同居・別居に対する第三の形態としての隠居制を論ずることができるともいえよう。そして慣行としての隠居制は変質しても、老親子の居住形態としての隠居は存続しうるし、意義を持ちうることを示していると思われる」(岡村、1970：161)との認識に基づいて、修正直系家族と隠居制家族との対比を試みている。

「那須氏は、『世代間の同居が行われる直系家族でも、老人と子夫婦が対等に相互のプライバシーを尊重しながら役割交換を行ない、老人が家族のそとで…活動しているばあいには、老人と子どもの関係はむしろ修正直系家族と呼ぶのが適切である』と提案された。湯沢氏の要約によれば『親と子家族が独立的に同居する』ことであろうがこれを一方の極とし、『親と一人の子の家族が協力的に近くに住む』隠居の型を他方の極として修正直系家族の範囲を決定することができよう。『修正直系家族』を現実分析の手段とする過程にこのような考察も必要なのではないだろうか。両者を

比較すると老親の地位・役割は次のようになる。

　隠居形態では空間的距離は同居より大であるが通常の別居とは質的に異なり日常頻繁な往復があること、役割担当も同居より少なく軽い傾向はあろうが、必要に応じてほとんど同居と同様にできることなど、機能面では別居よりは同居に接近するので、修正直系家族の農村型ともいえるであろう」(岡村、1970：163)。

　岡村の隠居制家族に関する認識は、東日本型の隠居制に基づく論考である。したがって、若干の問題点を含んでいるが、隠居制家族と老親扶養との関連を考察した研究成果は、皆無に等しい。とすれば、このような岡村の問題提起は、「夫婦家族制」(西南日本型家族)における介護の問題を考える糸口を与えてくれる論考である。

条件・状況	修正直系家族	隠居形態
居住条件	同居・別室	別棟または棟割、一応の隔離
経済条件	独　立	一応独立、必要に応じて世話
日常身辺の世話	独立(必要に応じて世話)	
役　割	家庭内での固有の役割、他に補完的役割担当	主として補完的役割担当
情緒の安定	安定、より依存的	安定、より独立的

(出典) 岡村益、1970、「農村における老親扶養と隠居制」那須宗一・湯沢雍彦共編『老人扶養の研究―老人家族の社会学―』垣内出版、163頁。

3－4　森岡清美の見解

　森岡清美によれば、高齢者には四つの欲求があり、それを充足するものとして扶養があるとの考え方に基づいて、その関連性を提示している(森岡、1983：141－143)。

　森岡によれば、「加齢に伴う労働力の損耗につれて稼働能力が減退し、ことに退職によって急激な収入低下を来す。それゆえ、もし年金等のそなえがなければ、経済的安定欲求を満たすのはむずかしくなる」(森岡、1983：

142)。この欲求を充足するのが経済的援助である。「また、加齢により日常生活の行動能力が衰え、あるいは病気がちになるため、介護医療欲求が強まり、保健欲求充足のために他者への依存が深まる」(森岡、1983：142) と、これを充足するための行為が行われることになる、これが身辺介護になる。「さらに、子どもの独立離家、とりわけ配偶者の死亡によって、情緒的に他者への依存が深まる」(森岡、1983：142)。このことを助成する活動が情緒的援助である、としているが、「このうち、(1)は最も下位にある基礎的な欲求、(4)は上位にある自己実現の欲求、(2)と(3)はその中間にあり、(1)(4)に支えられ関係にある。(1)はいわば生きていこうとする欲求、(2)は健やかに生きていこうとする欲求、(3)は和やかに生きていこうとする欲求、(4)は良く生きていこうとする欲求」(森岡、1983：142) の四つがあるとし、さらにこの欲求と扶養との相互関連について述べている (表3-9)。

表3-9　高齢者の欲求構造と扶養

高齢者の諸欲求	扶養（欲求の充足）
(1)経済的安定欲求─所得についての、経済的安定をえたいという欲求。	経済的援助
(2)保健欲求─健康を回復・保持したいという健康保持欲求と、病気の時には介護を受け、費用の心配なしに医療を受けたいという介護医療欲求を含む。	身辺介護
(3)情緒的反応欲求─隔意のない話合いの機会が欲しい、家族の人間関係のなかでいたわりと安定感をえたいという欲求。	情緒的援助
(4)価値欲求─体力にみあう仕事や・趣味のことなど、何か生き甲斐を感じるようなことをしたいという欲求。	―

(出典) 森岡清美、1983、「老親の扶養」森岡清美・望月嵩共著『新しい家族社会学』培風館、142-143頁。

この、「三つの側面をもつ老親扶養の態様は、親子のパーソナリティ、人間関係、生活慣習を別にすれば、両者の居住形態によって大きく規定される。居住形態を同居と別居に分けることがふつうだが、別居をさらに近居と遠居に分けて、同居・近居・遠居の3形態」(森岡、1983：144) になると

し、「同居とは、実質的に(単に住民票上の形式ではなく)同一世帯をなすものである。したがって、同居では日常的接触が常態である。近居とは、すぐ近く別居するものであるから、日常的接触は可能であるが、世帯を別にしている以上、それが常態というわけではない。これに対して遠居は、もう一まわり離れた、あるいはそれ以上の遠方別居である。したがって、日常的接触は可能ではない」(森岡、1983：144)としている。

さらに、居住形態と老親扶養との関係に言及している。森岡によれば、「老親に対する経済的援助は、どの居住形態でも可能である。同居は家計を共にすることによって、日常的にこの援助を遂行しやすいが、遠居でも、仕送りによって達成することができるからである。つぎに情緒的援助は、日常的接触の可能な同居・近居では遂行しやすいが、遠居では手紙や電話で補っても十分には行き届かないであろう。第3に、身辺介護は遠居では遂行しうるべくもなく、近居である程度可能になるが、とっさの場合の介護などとうてい同居には及ばないであろう。このようにみると、老親扶養には同居が最も機能的で、近居がそれにつぎ、遠居では困難が最も大きいえる」(森岡、1983：144)。しかし、「同居は、老親扶養の最も好都合な居住形態であるが、身辺介護が容易な反面、プライヴァシーが損なわれやすく、また情緒的援助の実を挙げやすい一方、情緒的葛藤を起こしやすい。さらに、家政のリーダーシップの所在とその世代的委譲をめぐる問題がある。同居型にはこうした逆機能が存する」(森岡、1983：144-145)としている。このように居住形態と老親扶養との関連を示すとともに、そこに正機能と逆機能が存在することも指摘している(図3-1)。

図3-1 居住形態別、機能と逆機能の大きさ

		機能			逆機能	
		経済的援助	情緒的援助	身辺介護	プライバシーを損なう危険性	情緒的葛藤の顕在化
同居		○	○	○	●	●
別居	近居	○	○	○	●	●
	遠居	○	○	○	●	●

○● 大
○ ● 中
○ ・ 小

（出典）森岡清美、1983、「老親の扶養」森岡清美・望月嵩『新しい家族社会学』培風館、145頁。

　森岡は、まず、高齢者の四つの欲求（経済的安定欲求、保健欲求、情緒的反応欲求、価値欲求）を取りあげ、この諸欲求を充足させるものとして経済的援助、身辺介護、情緒的援助の三側面があるとしている。つぎに、居住形態の分類（同居、近居、遠居）に言及し、さらに、居住形態と老親扶養の三側面との関連とそこに存在する機能的連関にも言及している。これは、老親扶養が居住形態に規定されていることを前提にして展開されたものである。

　私は、本書で家族構造の地域性と介護とを検討課題としているが、これは、ここで紹介した森岡に大きな影響を受けている。

3-5　山井和則の見解

　山井和則は、「三角形援助論」を手がかりにして、日本における介護のあり方を提示している（図3-2）。山井によれば、「この図のように、ひと昔前は、日本でも家族の力でお年寄りの世話をしていた。これが日本の伝統であったし、欧米諸国においても19世紀には同じ状況であった。しかし、日本が近代化するにつれて、お年寄りと家族のそれぞれの状況が大きく変わった」（山井、1991：209）。どのように変わったかのか。「医学の進歩や食生活の向上などにより、平均寿命は伸びた。今までなら、2〜3か月床に伏して最期を迎えたが、最近では、5〜10年の『寝たきり』や痴呆の

第3章　介護論

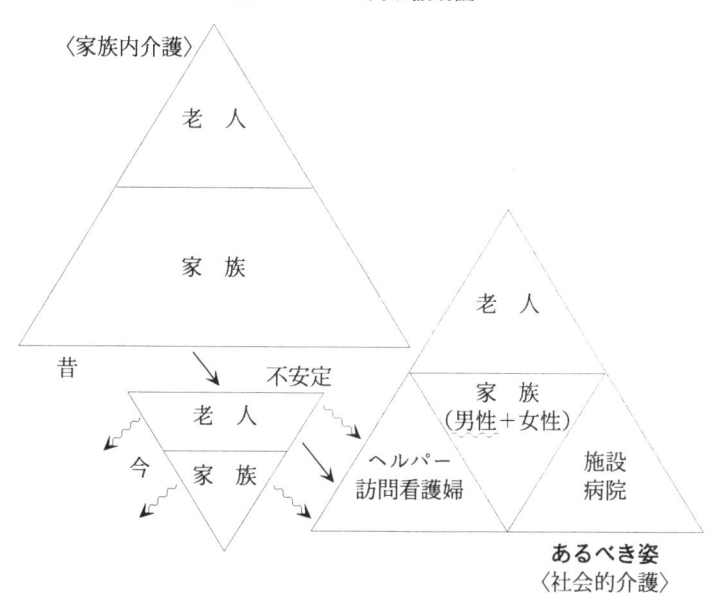

図3−2　三角形援助論

〈家族内介護〉

昔

今

あるべき姿
〈社会的介護〉

（出典）山井和則、1990、『体験ルポ　世界の高齢者福祉』岩波書店、210頁。

方も珍しくない。さらに、高齢者の数も増えてきている。つまり図の上のお年寄りの三角形の部分が大きくなっている。それを支える家族の力も大きくなれば、問題は解決する」（山井、1991：209−210）。

しかし、「実際には、その逆だ。核家族化が進み、働く女性は増え、子どもの数は減っている。つまり、家族の介護能力を示す図の下の台形は、その下の図のように小さくなり、バランスが大きく崩れてしまった。これが、日本の現状。家族だけでは、お年寄りのお世話が難しいケースが増えてきた理由がここにある」（山井、1991：210）。そこで、山井は図の、「一番右下にあるように、家族を中心としながらも、社会全体でお年寄りをお世話するシステムに変えていく必要がある」（山井、1991：210）とした。それは、図のように、「施設や病院、ホームヘルパーや訪問看護婦が、家族を支えることができれば、家族が共倒れにならずに、無理なくお年寄りのお世話が

149

できる」(山井、1991：211)というものである。

さらに、日本では高齢者介護が女性によって担われている現状を踏まえて、「介護は、育児と違って、24時間体制の重労働。…これでは、体力的な問題から言っても、介護を女性まかせにすれば、『寝かせきり』にしてお世話せざるを得ないことがわかる。『寝かせきり』にするか、しないかは、男性が介護に参加するか否かにかかっていると言っても過言ではない。男性の『老人介護は、男女両方の責任』という意識改革が求められる」(山井、1983：211-212) と結んでいる。

これは、介護を支えてきた家族機能の変化に対応した介護支援システム（介護担当者の組み合わせの構造）構築の方途を示唆した刺激的な論考である。

4．介護・援助の互酬性

黒田俊夫は、これまで紹介してきた研究と異なった視点から介護の問題について検討を加えている。

黒田俊夫の世代間関係に関する本格的な研究は、1990年代に日本大学総合科学研究所が実施した「現代家族の生活行動に関する全国調査」にはじまり、2004年に毎日新聞社が実施した「人口・家族・世代に関する全国調査」に至るまで継続されてきた。そこで展開された研究は、親子間の援助関係（とりわけ、結婚した娘と実家との間における「互酬性」の存在）とその変化に関するものであった。

ここでは、これらの調査研究から導き出した分析結果を中心に紹介することにしたい。

黒田によれば、「(1)親と子世代は生涯にわたって生活費および家事等の労務サービスについて相互扶助関係が維持されているばあいが多い。(2)男45〜49歳では親への生活費援助を行なうものが増加し、また家事等の援助を行なうものが多くなっているが、他方親からの家事等の援助をうけるものが非常に多い。また、生活費を"時々"親から援助をうけるもの

の割合は45〜49歳で著しく高くなっている。45〜49歳の男の中年期における経済的余裕のないことを示唆している。(3)親への生活費援助を行なっているもの（男）は55歳以上で35％にも達している。(4)親の扶養に対する長男の義務については一般に男において賛成が著しい。注目すべきは男30〜34歳の男性が37％の賛成を示しているのに対し、女性の30〜34歳では10.8％、35〜39歳では9.4％という低さを示している。しかし、55歳以上の高年齢では男女とも高い賛成31％（男）、30％（女）を示している。(5)親の老後と子供の同居についても男は、一般に賛成が多い。男では30〜34歳が45％という高い賛成率を示しているのに対し、女性では30〜34歳と40〜44歳で15％以上の高い反対率を示している。しかし、女のばあいでも20〜24歳の若い年齢と45歳以上で高い賛成率を示している。以上のことは、男は一般に保守的であるのに対して、女性特に30歳代では極めてリベラルであることを示唆している。しかし、男女ともにもっとも若い年齢と55歳以上のもっとも高い年齢層では保守的思考がみられる。男女間と年齢間において保守的伝統的思考とリベラル的思考とが複雑な重層化構造を示している。そして、特に30歳代女性が家族変容の牽引車となっていることが注目される」（黒田、1994：23-24）と分析している。

　扶養・援助関係の転換についての知見をみると、「世代間の扶養構造は縦型ないし従属型パターンであった。親は子供の養育・成長に対し全面的な援助を行い、やがて親が老年になった時には子供が生活、介護のすべてを担当するという縦型、あるいは従属型の扶養構造が近代まで一般的であった」（黒田、1998：11）とし、さらに、「この調査で用いた扶養・援助の拡大概念によると、"親へ"と"親から"のどちらかが一方的な傾向を持つものではなく、おおむね両者の間にバランスがとれた傾向がみられる。2世代間の疎外的傾向が指摘されることが多いが、この新しい拡大概念からみると、新しい相互交流がみられる。根底には儒教的思想やアジア的価値観が失われていないことを示唆している。さらに少子化と高齢化の傾向の中での"育児の手伝い"と"介護の手伝い"が2世代間の扶養・援助の新し

い強力な絆(きずな)となっている」(黒田、1998：11-12)ことを明らかにした。

また、黒田は、「これまで親と子との間の2世代間扶養関係を論じてきたが、一般に注目されず、見逃されている領域は結婚した娘と実家の両親との間の援助関係である。結婚後、実家特に母親との援助・交流関係は一般に予想される以上に深い関係が見られる。特に、ここで興味深い点は、結婚後、実家の母との援助交流は生涯にわたって持続していることである。…結婚した娘と実家との関係は経済、精神、労働の多方面にわたり、生涯持続しており、その援助内容はライフサイクルの周期によって異なっている。結婚後若い時期には経済的援助や出産、育児に対し、実家の母の援助が行われ、また親の高齢期に対しては介護や家事労働、あるいは経済的援助といった広汎な援助が行われる可能性が大きい。老親に対する子どもの価値観の中で基本的な援助行動が、結婚した娘と実家との間においても深い交流が存在することは、老親扶養関係の補完性を示すものとして注目される」(黒田、2004：308)と指摘している。

これは、介護の問題を世代間の互酬性との視点で議論したものである。介護の問題も、今後、このような関連で検討することが求められるのではなかろうか。

以上、本章では、介護保険制度の概要と居住形態と老親扶養についての先行研究を概観してきたが、早稲田大学人間総合研究センターは、2000年代にアジアにおける高齢者の問題に関する調査研究を実施している。その研究によれば、「同居は近い将来においてもアジアの高齢者の中心的な居住形態であり続けるであろうし、高齢者と子どものどちらに対しても重要な機能を果たすであろう。1997年のILOの報告書が指摘するように、家族を基盤としたインフォーマルな援助システムの働きとその変化を理解することは、高齢者に向けた有効かつ適切な社会政策と経済政策を立案する上で欠かすことができない。こうしたことから、居住形態にかかわる要因とその変化を理解することは、重要な課題であるといえる。実際、過去10年

第3章　介護論

間に高齢者の居住形態に関する関心が高まりを見せてきた」（臼井、2003：5－6）としている。この研究グループは、居住形態と高齢者との関わりを究明してきた。その分析結果をみると、アジアにおいては、居住形態のあり方が現代の高齢者問題の解決に深く関わっていることを指摘している。

さらに、国連は2000年に「人口高齢化と居住形態に関する国際会議」を開催している。

このような研究動向をみると、居住形態と老親扶養に関する問題は、現代においても無視しえない研究課題であると言えよう。

老親扶養は、経済的援助、情緒的援助、身辺介護が三大要素となっていると言われているが、本書での介護は、身辺介護のこととし、介護の概念は上野千鶴子、前田拓也にしたがっておきたい。[2]

注
（1）2010年に実施された「介護保険制度に関する世論調査」では、「今後、増加が予想される介護を必要とする高齢者のために、国や自治体はどのような施策に重点を置くべきでだと思いますか。この中からいくつでもあげてください」との設問で、国民が要望する重点事項を問うている。その結果をみると、「介護人材の確保のために、賃金アップなどの処遇改善」（52.0％）、「認知症の人が利用できるサービスの充実」（48.3％）、「24時間対応の在宅サービスの充実」（47.7％）、「施設待機解消のための施設充実」（44.1％）、「給食や送迎、見守り介護などの生活支援サービスの充実」（42.1％）、「保険料や利用料（1割）の軽減措置のさらなる充実」（37.5％）、「医療や介護サービス利用にかかる統一的な利用窓口の設置、相談体制の強化」（36.6％）、「要介護認定など利用者手続きの簡素化」（35.3％）、「住宅のバリアフリー化」（25.6％）、「介護従事者による、たん吸引など基礎的な医療的なケアの実施」（24.4％）、「生活動作の改善や栄養など介護予防サービスの充実」（23.8％）となっている。

　　こうしたことが、国民が国や地方自治体に求めている介護施策になる。
　　このことに関連して石毛鍈子は、つぎのように述べている。石毛によれば、「これからの家族介護は、現在以上に高齢家族世帯での介護になること

を確認しなければならないし、介護力の脆弱な高齢世帯の増大はいっそうの施設介護ニーズの膨張を予測させる。同時に、在宅死の希望が五割を超えている在宅指向を考えるならば、要介護者の在宅生活の継続を可能にする介護施策のあり方が求められる。介護を社会的に支える介護の社会化が必要されるが、その形態は、施設介護サービスと在宅介護サービスの二つの形態となる。施設介護サービスと在宅介護サービスの充実はむろんであるが、とりわけ在宅介護サービスにおいては、家族介護力がない、あるいはきわめて乏しい高齢世帯の在宅生活を支えることに視点をおいた、サービスの質量の拡充が必要である。ホームヘルプサービス、デイサービス、ショートステイ、訪問介護サービス、日常生活用具の提供などのかたちで実施される在宅介護サービスは、これまで総花的に実施が拡大されていても、家族介護の補完の域をでなかった」(石毛、1996：64)。とすれば、「家族介護者力を予定しないですむ、在宅介護サービスの量の充足が必要とされる。同居家族が高齢であれば、なおさらこのことが強調されなければならない」(石毛、1996、64)。

このような視点に立って、これからの介護を考えると、「介護サービスの量の充足とともに、要介護者と同居家族の介護生活への理解、自立した生活へ積極性を発揮できるように援助する、介護サービスの質のあり方も課題である。在宅介護サービスの担い手には、介護への知識や技術の獲得、向上とともに、要介護者とその人間関係への共感が要請されているといえるだろう」(石毛、1996：64)し、さらに、「在宅介護サービスの拡充、したがって介護の社会化は、家族介護への援助だけではなく、要介護者と家族、あるいは地域での人間関係も含めて、広く家族生活関係への支援であることを確認する必要がある。その意味で、肉身という点では家族介護力がない一人暮らし要介護高齢者が、障害をもっても人生の最期まで地域社会でいきいきと暮らせる在宅介護サービスの充足が、介護の社会化として実現されるべき水準である」(石毛、1996：64)としている。

(2) 上野千鶴子は、「デイリーによれば、これまでのところ『もっとも妥当性のある』『ケア』の定義とは以下のようなものである。依存的な存在である成人または子どもの身体的かつ情緒的な要求を、それが担われ、遂行される規範的・経済的・社会的枠組のもとにおいて、満たすことに関わる行為と関係」(上野、2011：39)としている。

前田拓也は、「人々の身体に他者が直接的または間接的にはたらきかける

第 3 章　介護論

ことを通して、社会生活を十全に営むことができる状態とするべくアシストする行為と関係のことであり、また、その相互行為のプロセスそのものをさす」（前田、2012：150）と述べている。

【引用・参考文献】

相川良彦、2000、『農村にみる高齢者介護　在宅介護の実態と地域福祉の展開』川島書店

天田城介、2003、『〈老い衰えゆくこと〉の社会学』多賀出版

─────、2011、『老い衰えゆくことの発見』角川学芸出版

藤崎宏子、2009、「介護保険制度と介護の『社会化』『再家族化』」『福祉社会学研究 6』福祉社会学会

長谷憲明、2012、『よくわかる！新しい介護保険のしくみ　平成24年度改正対応版』瀬谷出版

比較家族史学会監修、山中永之佑・竹安栄子・曽根ひろみ・白石玲子編、2001、『介護と家族』早稲田大学出版部

石井京子、2003、『高齢者への家族介護に関する心理学的研究』風間書房

石毛鍈子、1996、「家族の変貌と介護の社会化─在宅家族介護はいつ家族崩壊が生じてもふしぎでない状態で維持されている」岡本祐二編『「論争」高齢者福祉公的介護保険でなにが変わるか』（『からだの科学　臨時増刊』）日本評論社

公益社団法人全国老人保健施設協会編、2011、『平成23年介護白書─介護老人施設が地域ケアの拠点となるために─』オフィスTM

─────────────────────、2012、『平成24年版介護白書─地域ケアの中で"キラリと輝く介護老人保健施設"であるために─』オフィスTM

厚生省編、1996、『平成 8 年版　厚生白書　家族と社会保障─家族の社会的支援のために─』ぎょうせい

厚生省高齢者介護対策本部事務局監修、1996、『高齢者介護保険制度の創設について─国民の議論を深めるために〈老人保健福祉審議会報告〉〈厚生省介護保険制度案大綱〉─』ぎょうせい

厚生労働省編、2005、『平成17年版　厚生労働白書─地域とともに支えるこれからの社会保障─』ぎょうせい

黒田俊夫、1994、「家族変動の牽引車・女性」『「現代家族に関する全国調査」報告書』日本大学

―――――、1998、「序説：従属型扶養・援助から相互補完型扶養・援助への転換」『「家族」の未来"ジェンダー"を超えて』毎日新聞社・第24回全国家族計画世論調査』毎日新聞社

―――――、2005、「老親扶養をめぐって―人口転換の先駆と国際的貢献―」毎日新聞社人口問題調査会編『超少子化時代の家族意識―第1回人口・家族・世代世論調査報告書―』毎日新聞社

前田拓也、2012、「介護」見田宗介編集顧問、大澤真幸・吉見敏哉・鷲田清一編『現代社会学事典』弘文堂

増田光吉、1980、「老親と子」那須宗一・上子武次共編『家族病理の社会学』培風館

三井さよ・鈴木智之編著、2012、『ケアのリアリティ―境界を問いなおす―』法政大学出版局

三浦文夫、1978、［日本人の老後］総理府老人対策室『昭和53年度老人問題シンポジウム―主論（講演）要旨―』

―――――、1979、「家族」曽田長宗・三浦文夫編『図説老人白書』碩文社

森岡清美、1983、「老親の扶養」森岡清美・望月嵩『新しい家族社会学』培風館

内閣総理大臣官房老人対策室監修、1982、『高齢者問題総合調査報告』全国社会福祉協議会

那須宗一、1962、『老人世代論―老人福祉の理論と現状分析―』芦書房

―――――、1970、「老人扶養研究の現代的意義」那須宗一・湯沢雍彦共編『老人扶養の研究―老人家族の社会学―』垣内出版

西村周三監修、国立社会保障・人口問題研究所編、2013、『地域包括ケアシステム 「住み慣れた地域で老いる」社会をめざして』慶応義塾大学出版会

沖藤典子、2010、『介護保険が老いを守るか』（岩波新書）岩波書店

岡村益、1970、「農村における老親扶養と隠居制」那須宗一・湯沢雍彦共編『老人扶養の研究―老人家族の社会学―』垣内出版

佐藤信人、1999、『介護保険―制度としくみ―』建帛社

清水浩昭、1982、「世帯および家族の構造」三浦文夫・岡崎陽一共編『高齢化社会への道―高齢化社会シリーズ③―』中央法規

―――――、1986、『人口と家族の社会学』犀書房

―――――、1992、「21世紀の人口問題―人口高齢化と老親扶養・介護問題をめぐって」坂田義教編『社会変動と人間』法律文化社

―――――、1998、「新たに形成されつつある"二世帯住宅"という親子文化」

『〈二世帯住宅研究所報〉二重奏』第64号、旭化成・二世帯住宅研究所
杉澤秀博・中谷陽明・杉原陽子編著、2005、『介護保険制度の評価—高齢者・家族の視点から—』三和書籍
社団法人全国老人保健施設協会編、2004、『平成16年版介護白書〜5年目を迎えた介護保険制度〜』ぎょうせい
―――――――――――――――――、2006、『平成17年版介護白書〜平成17年改正対応版〜』ぎょうせい
―――――――――――――――――、2008、『平成20年版介護白書—介護老人保健施設経営の現状と課題—』オフィスTM
―――――――――――――――――、2009、『平成21年版介護白書—介護老人保健施設経営の持続的発展のために—』オフィスTM
―――――――――――――――――、2010、『平成22年版介護白書—介護老人施設を取り巻く環境の変化と対応—』オフィスTM
高尾公矢、2000、『高齢者介護支援システムの研究』多賀出版
上野千鶴子、2011、『ケアの社会学—当事者主権の福祉社会へ—』太田出版
United Nations, 2001, *Living Arrangements of Persons: Critical Issues and Policy*, United Nations Publication.
臼井恒夫、2003、「高齢者の居住形態に関する国際比較研究の視角と課題」嵯峨座晴夫・宮内孝知・店田廣文・臼井恒夫・林在圭・辻明子『アジアにおける世代間の居住形態と高齢者—台湾・韓国・日本・シンガポール・マレーシアの比較研究—』早稲田大学人間総合研究センター
湯沢雍彦、1970a、「老人扶養問題の構造と展開」那須宗一・湯沢雍彦共編『老人扶養の研究—老人家族の社会学—』垣内出版
―――――、1970b、「大都市における老人扶養の状況」那須宗一・湯沢雍彦共編『老人扶養の研究—老人家族の社会学—』垣内出版
―――――、1982、「老親扶養と同別居問題の動向」磯村英一監修、坂田期雄編『高齢化社会と自治体・地域』ぎょうせい
山井和則、1991、『体験ルポ 世界の高齢者福祉』（岩波新書）岩波書店
吉田秀夫・三浦文夫、1975、『改訂版・老後の生活と保障』家の光協会

第4章　高齢化社会における家族と介護

　本章では、各章で紹介してきた高齢化社会論、日本家族論、介護論に関する研究成果を踏まえて、自らに課した高齢化社会における家族と介護の課題について客観的資料を用いて分析する。
　ここでは、まず、それぞれの領域に関する日本の全体像を示し、しかる後に地域性（都道府県）の現状と将来を明らかにするという順序で分析を進めることにした。

1．高齢化の一般的動向

　日本は、1970年に老年人口割合（65歳以上人口が総人口に占める比率）が7％に達したが、一般に老年人口が7％を超えると「高齢化社会」段階に突入したと言われている。とすれば、日本は1970年に「高齢化社会」の仲間入りをしたことになるが、世界の国々をみると、フランスは1865年、スウェーデンは1890年に「高齢化社会」段階に到達している。これらの国は、「高齢化の先発国」と言われている。とすれば、日本は「高齢化の後発国」になる。しかし、日本は、高齢化の進展が急速で2010年時点で老年人口割合が23.0％に達している（表4－1）。
　そこで、世界の国々の老年人口割合（2010年頃）をみると、日本は23.0％であるが、ドイツ20.6％、イタリアが20.3％を占め日本に次いで高い割合を示している。しかし、「高齢化の先発国」であるフランスは16.8％、スウェーデンが18.1％である。この状況をみると、日本は、「高齢化の先発国」を追い抜き、世界有数の「高齢化社会」になるとともに、2025年には30％段階になると、予測されている。この老年人口を「前期老年層」（65～74

表4－1　高齢者人口割合の推移

(単位：％)

年　次	65歳以上	65〜74歳	75歳以上
1920	5.3	3.9	1.3
1930	4.8	3.4	1.4
1940	4.8	3.5	1.3
1950	4.9	3.7	1.3
1960	5.7	4.0	1.7
1970	7.1	4.9	2.1
1975	7.9	5.4	2.5
1980	9.1	6.0	3.1
1985	10.3	6.4	3.9
1990	12.1	7.2	4.8
1995	14.6	8.8	5.7
2000	17.4	10.3	7.1
2005	20.2	11.1	9.1
2010	23.0	11.9	11.1
2015	26.8	13.8	13.0
2020	29.1	14.0	15.1
2025	30.3	12.3	18.1
2030	31.6	12.1	19.5
2035	33.4	13.3	20.0
2040	36.1	15.3	20.7
2045	37.7	15.7	22.1
2050	38.8	14.2	24.6

（注）2010年までは総務省「国勢調査」、2015年以降は国立社会保障・人口問題研究所推計。
（資料）国立社会保障・人口問題研究所「日本の将来推計人口」（2012年推計）。

歳）と「後期老年層」（75歳以上）との区分でみると、2020年には「後期老年層」が「前期老年層」を上回ることになる。これは、要介護者になる確率の高い老年層を抱える社会の到来を意味している（表4－1）。

このような年齢構造の変化は、少子化の進展によって生じたと言われているが、この変化は、介護を要する高齢者を、どこで、如何に介護するかの課題と関わってくる。

ここでは、一国の人口高齢化をみてきたが、この状況は、すべての地域（都道府県）で均等に生じているのであろうか。

つぎに、この課題に接近することにしたい。

1−1　都道府県からみた高齢化の動向

　前節では、日本の高齢化の動向を国際比較も通じて検討してきたが、この動向を都道府県別にみると、どのようなことになるのか。ここでは、日本が「高齢化社会」の仲間入りをした1970年を基点にして、20年毎に考察することにした。

　1970年における老年人口割合が高い地域をみると、高知県が最も高く、以下島根県、鹿児島県、鳥取県、岡山県の順になっていたが、1990年では、島根県が最も高く、つぎが高知県、以下鹿児島県、鳥取県、長野県の順になった。しかし、2010年になると、秋田県が第一位を占め、以下島根県、高知県、山口県、山形県と続いている（表4−2）。

　この結果をみると、1990年代までは、西日本地域で老年人口割合が比較的高かったが、2010年になると、東日本地域でも老年人口割合が高くなってきた。地域の人口高齢化は、若年層を中心にする人口流出によってもたらされる。とすれば、21世紀になると、東日本地域でも若者を中心とする人口流出が生じたことになる。このことが事実であれば、この人口流出は、地域の自然増加にも影響を与えることになる。

表4-2　年次別都道府県別高齢者人口割合の推移

(単位:%)

都道府県	1970年	1990年	2010年
全　国	7.1	12.0	23.0
北海道	5.8	12.0	24.7
青　森	6.3	12.9	25.8
岩　手	7.3	14.5	27.2
宮　城	6.9	11.9	22.3
秋　田	7.3	15.6	29.6
山　形	8.5	16.3	27.6
福　島	8.0	14.3	25.0
茨　城	7.9	11.9	22.5
栃　木	7.7	12.3	22.1
群　馬	7.9	13.0	23.6
埼　玉	5.1	8.3	20.4
千　葉	6.3	9.2	21.5
東　京	5.2	10.5	20.4
神奈川	4.7	8.8	20.2
新　潟	8.1	15.3	26.3
富　山	8.1	15.1	26.2
石　川	8.2	13.8	23.7
福　井	9.0	14.8	25.2
山　梨	9.0	14.8	24.7
長　野	9.4	16.1	26.5
岐　阜	7.9	12.7	24.1
静　岡	7.1	12.1	23.8
愛　知	5.7	9.8	20.3
三　重	9.0	13.6	24.3
滋　賀	8.9	12.0	20.7
京　都	7.9	12.6	23.4
大　阪	5.2	9.7	22.4
兵　庫	6.9	11.9	23.1
奈　良	8.0	11.6	24.0
和歌山	9.2	15.3	27.4
鳥　取	9.9	16.2	26.4
島　根	11.2	18.2	29.1
岡　山	9.7	14.8	25.2
広　島	8.2	13.4	24.0
山　口	9.1	15.9	28.0

徳　島	9.6	15.5	27.0
香　川	9.5	15.4	25.9
愛　媛	9.4	15.4	26.7
高　知	11.4	17.2	28.8
福　岡	7.3	12.4	22.3
佐　賀	9.3	15.1	24.6
長　崎	8.2	14.7	26.0
熊　本	9.4	15.4	25.7
大　分	9.5	15.5	26.6
宮　崎	8.4	14.2	25.8
鹿児島	10.1	16.6	26.5
沖　縄	6.6	9.9	17.4

（資料）総務省「国勢調査」。

　そこで、2010年に人口高齢化が高かった地域の自然増加率を検討することにした。日本の全体状況をみると、人口高齢化の進展が著しい地域は、自然増加もマイナスになり、こうした地域が西日本のみならず、東日本にも及んでいる。しかし、人口高齢化が緩慢な大都市圏およびその周辺地域では、自然増加はプラスの段階にあるが、「団塊の世代」が高齢者の仲間入りをするこれらの地域も人口高齢化が進展することが予測されている。このような状況の変化は、自然増加が、近い将来マイナスになる可能性を内包していることになる（表4－3）。

　このような一般的動向を念頭において、ここでは、人口高齢化が著しい地域の様相を検討することにした。人口高齢化が最も高かった秋田県の自然増加率をみると、その割合はマイナス7.0‰、島根県がマイナス4.7‰、高知県がマイナス5.6‰、山口県がマイナス4.2‰、山形県がマイナス4.7‰となっている。これは、黒田俊夫理論で紹介したように「若年層」（「再生産可能な年齢層」）が「高年齢層」を下回ることによって生じたことになる。その意味では、今後、深刻な高齢化問題を抱えた地域になると言えよう。

表4-3 都道府県別人口高齢化と自然増加率（2010年）

指標		自然増加率			
		マイナス		プラス	
		3‰以上	3‰未満	3‰未満	3‰以上
人口高齢化率	23.0%未満	—	宮城県、茨城県、栃木県、大阪府	埼玉県、千葉県、東京都、神奈川県、愛知県、滋賀県、福岡県	沖縄県
	23%以上	青森県、岩手県、秋田県、山形県、福島県、新潟県、富山県、山梨県、和歌山県、鳥取県、島根県、山口県、徳島県、愛媛県、高知県、長崎県、鹿児島県	北海道、群馬県、石川県、福井県、長野県、岐阜県、静岡県、三重県、京都府、兵庫県、奈良県、岡山県、広島県、香川県、佐賀県、熊本県、大分県、宮崎県	—	—

（資料）総務省「国勢調査」、厚生労働省「人口動態統計」。

　こうした人口高齢化の動向は、家族構成と家族構造にどのような影響を与えているのであろうか。

2．家族の一般的動向

　日本における家族の変化は、「核家族化」（「核家族世帯化」）として要約されてきた。[1]しかし、この言葉は、三つの意味で用いられてきた。第1は、すべての家族に占める「核家族世帯」の割合が増大すること（量的変化）、第2は、家族構造が直系家族制から夫婦家族制に構造的に変化すること（質的変化）、第3は、「核家族世帯」割合の増大の背景に家族の構造的変化があること（量的変化×質的変化）である（清水、1994：87）。

164

第4章 高齢化社会における家族と介護

　ここでは、「核家族世帯化」を量的変化という意味で捉え、この視点から1990年以降の家族構成（世帯の家族類型）の全体状況をみると、「核家族世帯」、「その他の親族世帯」は減少傾向にあるが、「単独世帯」は増加傾向にある。これは、「核家族的世帯化」（「核家族世帯」＋「単独世帯」の増加）が、進展していることになる（表4－4）。

表4－4　世帯の家族類型の推移

（単位：世帯数、％）

世帯の家族類型	1990年	2000年	2005年	2010年
一般世帯	40,670,475	46,782,383	49,062,530	51,842,307
A 親族世帯	76.7	72.0	70.0	66.6
Ⅰ核家族世帯	59.5	58.4	57.9	56.4
（1）夫婦のみ	15.5	18.9	19.6	19.8
（2）夫婦と子供	37.3	31.9	29.9	27.9
（3）男親と子供	1.0	1.2	1.3	1.3
（4）女親と子供	5.7	6.5	7.1	7.4
Ⅱその他の親族世帯	17.2	13.6	12.1	10.2
B 非親族世帯	0.2	0.4	0.5	0.9
C 単独世帯	23.1	27.6	29.5	32.4

（資料）総務省「国勢調査」（1990年・2000年・2005年・2010年）。

　このような動向を踏まえて、「高齢者世帯」（65歳以上のものが居住している世帯）をみると、この世帯では「核家族世帯化」と「単独世帯化」が進展している。しかし、高齢者世帯は、家族構成の全体状況と比較すると、2010年時点で「核家族世帯」「単独世帯」とも、その割合は「核家族世帯」で4.7ポイント、「単独世帯」で7.6ポイント低くなっている（表4－5）。

　このような差は、どうして生ずるのか。ここでは、2010年の調査結果に基づいて、そのことを検討してみた。その結果を示すと、「核家族世帯」で過ごしている高齢者は、加齢とともに低下してくるが、「80～84歳」以上になると、その割合は50％以下になる。ところが、「単独世帯」は加齢とともに増加してくる。

表4－5　高齢者世帯の家族類型の推移

(単位：世帯数、%)

世帯の家族類型	1990年	2000年	2005年	2010年
一般世帯	10,729,464	15,044,608	17,204,473	19,337,687
A 親族世帯	84.8	79.6	77.4	74.6
Ⅰ核家族世帯	35.4	45.1	48.9	51.7
（1）夫婦のみ	20.7	26.4	27.8	28.5
（2）夫婦と子供	7.7	10.4	11.9	13.1
（3）男親と子供	1.0	1.3	1.5	1.7
（4）女親と子供	6.0	7.0	7.7	8.4
Ⅱその他の親族世帯	49.4	34.5	28.5	22.9
B 非親族世帯	0.1	0.1	0.2	0.5
C 単独世帯	15.1	20.2	22.5	24.8

(資料) 総務省「国勢調査」(1990年・2000年・2005年・2010年)。

　しかし、「85歳以上」になると、「核家族世帯」は鈍化してくるが、「その他の親族世帯」は最も高い割合を示してくる。これを居住形態でみると、「別居」(「夫婦のみ世帯」+「単独世帯」居住者) は「65～69歳」が54.7%、「70～74歳」が57.6%、「75～79歳」が56.4%、「80～84歳」が50.4%で「同居」(「別居」以外の居住者) を上回っているが、「85歳以上」では36.0%になり、「同居」が「別居」を上回ってくる。これは、「核家族世帯化」(質的変化) の観点からみると、日本の家族構造は、「直系家族制」(親夫婦と子ども夫婦は同居することを望ましいとする家族制度) から「夫婦家族制」(親夫婦と子ども夫婦は別居することが望ましいとする家族制度) へと構造的な変化をしていないことを意味している (表4－6)。

第4章　高齢化社会における家族と介護

表4－6　高齢者（5歳階級）、世帯の家族類型別世帯人員（2010年）

（単位：人、％）

年　齢	総　数	核家族世帯	夫婦のみ	その他の親族世帯	非親族世帯	単独世帯	同居世帯	別居世帯
総　数	27,577,824	58.7	35.8	23.4	0.6	17.4	46.8	53.2
65～69歳	8,095,573	69.1	40.8	16.4	0.7	13.9	45.3	54.7
70～74歳	6,816,379	65.7	41.8	17.9	0.6	15.8	42.4	57.6
75～79歳	5,708,519	57.7	37.5	22.9	0.5	19.0	43.5	56.5
80～84歳	3,987,212	46.3	28.5	31.3	0.5	21.9	49.6	50.4
85歳以上	2,970,141	32.5	14.5	45.5	0.5	21.5	64.0	36.0

（資料）総務省「国勢調査」(2010年)。

　この背景には「親夫婦が元気なうちは子ども夫婦は別居しているが、親夫婦の身体が悪くなったり、配偶者が亡くなり一人暮らしになったら子夫婦は親と同居する」とする意識が根底に存在するからであろう。
　このような現状を踏まえて、日本の高齢者家族の現状と将来を考えてみたい。

2－1　高齢者家族の現状と将来

　これまでの議論を念頭において、つぎに、高齢者家族の現状と将来について検討を加えることにしたい。
　ここでは、75歳以上の女性の居住形態を指標にして家族構造を考察することにした。それは、この年齢になると、女性は配偶者と死別する確率が高くなってくる。このようなことを前提にして、夫婦家族制を原則とする社会における女性のライフコースを考えると、女性は、配偶者と死別後、「単独世帯」（一人暮らし世帯）か「施設等の世帯」で人生の終末期を送ることになる。しかし、直系家族制を原則とする社会の女性の人生を考えると、すでに子ども夫婦と同居している場合は、同居生活を維持・存続することになるが、子ども夫婦と別居している場合は、子ども夫婦との同居に移行

(「親移住型同居」か「子移住型同居」)することになる。とすれば、この年齢層における居住形態をみることによって、その社会における家族構造を推察することができると考えた。このようなことを考えたのは、都道府県別の家族構造を明らかにできる資料は、存在しないからである。

そこで、75歳以上の女性が「同居」で生活している割合が50％超えていれば「直系家族制」とし、「別居」生活を送っている割合が50％を超えていれば「夫婦家族制」と考えることにした（ケースⅠ）。しかし、近年、「施設等の世帯」で老後生活を送る人たちも増加してきていると言われている。このような状況も考慮し、「別居」＋「施設等の世帯」も「別居」と考えて、家族構造を判断することにした（ケースⅡ）。

このような考え方に基づいて、2005年と2030年の家族構造をケースⅠとケースⅡについて比較分析を行うことにした。それは、いわゆる「団塊の世代（第一次ベビーブーム世代）」(1947～1949年生まれ) が、2030年になると80歳に到達することになる。とすれば、この世代が、日本における家族構造の方向性を決定することになるとも考えたからである。

なお、ここで用いる資料は、「国勢調査」と国立社会保障・人口問題研究所が2012年に発表した「高齢者の居住状態の将来推計」である。

まず、ケースⅠから高齢者の居住形態をみると、2005年は「同居」割合が60％を超えていたが、2010年には50％台になり、その後も低下傾向を示し、2030年には51％になっている。「別居」割合は2005年には40％未満であったが、2010年には40％台に上昇し、2030年には約49％に達すると予測されている。この「別居」割合の動向をみると、「夫婦のみの世帯」と「単独世帯」の上昇が「別居」割合の上昇に寄与していることになる。ということは、2030年時点では、「後期高齢層」に至っても夫婦とも健在な世帯が比較的多いことになる（表4－7）。

しかし、この結果をみると、日本の家族構造は、2030年に至っても「直系家族制」を維持・存続していることになる。

第4章　高齢化社会における家族と介護

表4－7　高齢者の居住形態の現状と将来（ケースⅠ）

（単位：人、％）

年次	75歳以上の女性人口	同居	別居	夫婦のみ	単独
2005年	6,441,688	60.3	39.7	16.0	23.8
2010年	7,648,691	56.2	43.8	18.8	25.0
2015年	8,621,851	53.3	46.7	20.9	25.8
2020年	9,647,147	52.2	47.8	21.7	26.1
2025年	11,013,650	52.3	47.7	21.6	26.1
2030年	11,377,683	51.2	48.8	22.4	26.3

（注）2005年は「国勢調査」、2010年以降は国立社会保障・人口問題研究所推計。
（資料）総務省「国勢調査」、国立社会保障・人口問題研究所『高齢者の居住状態の将来推計』（所内研究報告書）2012年。

　それでは、ケースⅡでは、どのようになるのであろうか。
　ケースⅡから高齢者の居住形態をみると、2005年の「同居」割合は50％を超えていたが、2010年以降50％を割り40％台になり、2030年にはその割合が約43％になると推計されている。「別居」割合をみると、2005年は50％以下であったが、2010年以降50％台に達し、2030年には57％になると予測されている。この「別居」の内訳をみると、「単独世帯」、「夫婦のみの世帯」「施設等の世帯」の順になっている。これは、2030年における75歳以上の女性高齢者は、「施設等の世帯」で生活するものも増加してくるが、必ずしも高い割合を示しているとは言えないように思われる（表4－8）。
　ともあれ、このケースⅡをみると、日本の家族構造は、2010年時点で「直系家族制」から「夫婦家族制」に構造的変化を遂げたと言うことができよう。

表4-8　高齢者の居住形態の現状と将来（ケースⅡ）

(単位：人、%)

年次	75歳以上の女性人口	同居	別居	夫婦のみ	単独	施設等	【参考】別居＋施設等
2005年	7,312,048	53.1	35.0	14.1	20.9	11.9	46.9
2010年	8,801,814	48.8	38.1	16.3	21.8	13.1	51.2
2015年	10,074,535	45.6	40.0	17.9	22.1	14.4	54.4
2020年	11,392,992	44.2	40.5	18.4	22.1	15.3	55.8
2025年	13,050,299	44.1	40.2	18.2	22.0	15.6	55.8
2030年	13,671,485	42.6	40.6	18.7	21.9	16.8	57.4

(注) 2005年は「国勢調査」、2010年以降は国立社会保障・人口問題研究所推計。
(資料) 総務省「国勢調査」、国立社会保障・人口問題研究所『高齢者の居住状態の将来推計』(所内研究報告書) 2012年。

3．家族構造の地域性

3-1　ケースⅠからたみた高齢者家族の現状と将来

　日本の全体状況が明らかになったので、つぎに人口高齢化と家族構造との関連を地域性の視点から検討することにした。ここでは、二つの指標を用いて人口高齢化と家族構造の地域性を明らかにするための類型化を試みた（表4-9）。
　そこで、この類型を手がかりにして、2005年の結果を分析した[2]。その結果をみると、「同居型Ⅰ」が28府県（日本全体に占める割合は59.6%、以下カッコ内はこの割合を示す）で、地域でみると東北日本、西南日本（大都市圏も含む）の全土に亘って分布、「同居型Ⅱ」が13県（27.7%）で、地域的には大都市圏とその周辺県、「別居Ⅰ」が4道府県（8.5%）で、大都市圏およびその周辺県、「別居型Ⅱ」が2都府（4.3%）で、大都市圏の中心地に分布していることが明らかになった（表4-10）。

第4章　高齢化社会における家族と介護

表4-9　人口高齢化と家族構造の地域性—類型化の指標

類　型	指　標
「同居型Ⅰ」	老年人口割合が全国値を上回り、75歳以上の女性が同居している割合も50％以上の地域
「同居型Ⅱ」	老年人口割合は全国値を下回っているが、75歳以上の女性が同居している割合は50％以上の地域
「別居型Ⅰ」	老年人口割合が全国値を上回り、75歳以上の女性が別居している割合も50％以上の地域
「別居型Ⅱ」	老年人口割合は全国値を下回っているが、75歳以上の女性が別居している割合は50％以上の地域

注）但し、ケースⅡについては、別居を「別居」+「施設等の世帯」とする。

表4-10　人口高齢化と家族構造からみた地域性（ケースⅠ・2005年）

類　型	都道府県名
「同居型Ⅰ」	青森県、岩手県、秋田県、山形県、福島県、群馬県、新潟県、富山県、福井県、山梨県、長野県、岐阜県、静岡県、三重県、京都府、和歌山県、鳥取県、島根県、岡山県、広島県、山口県、徳島県、香川県、愛媛県、佐賀県、長崎県、熊本県、大分県（28）
「同居型Ⅱ」	宮城県、茨城県、栃木県、埼玉県、千葉県、神奈川県、石川県、愛知県、滋賀県、兵庫県、奈良県、福岡県、沖縄県（13）
「別居型Ⅰ」	北海道、高知県、宮崎県、鹿児島県（4）
「別居型Ⅱ」	東京都、大阪府（2）

（資料）総務省「国勢調査」（2005年）

　この結果は、人口高齢化が全国値を上回っている地域でも「同居」が多いことになる。これは、社会経済の変動が人口移動を促進し、その結果人口高齢化をもたらすことになるが、このことが家族構造の変動を生起するまでには至っていないことを意味している。

　2030年の状況を分析すると、「同居型Ⅰ」が18県（38.3％）、「同居型Ⅱ」が9県（19.1％）、「別居型Ⅰ」が15道県（31.9％）、「別居型Ⅱ」が5都府県

(10.6％)となっている。それぞれの類型ごとの地域的特徴は、ほとんど変化がない。そこで、類型ごとの増減割合を示すと、「同居型Ⅰ」が10県減、「同居型Ⅱ」が4県減、「別居型Ⅰ」が11県増、「別居型Ⅱ」が3県増になる（表4－11）。

表4－11　人口高齢化と家族構造からみた地域性（ケースⅠ・2030年）

類　型	都道府県名
「同居型Ⅰ」	青森県、岩手県、秋田県、山形県、福島県、群馬県、新潟県、富山県、福井県、山梨県、長野県、岐阜県、静岡県、三重県、鳥取県、島根県、岡山県、香川県（18）
「同居型Ⅱ」	宮城県、茨城県、栃木県、埼玉県、千葉県、石川県、愛知県、滋賀県、奈良県（9）
「別居型Ⅰ」	北海道、兵庫県、和歌山県、広島県、山口県、徳島県、香川県、愛媛県、高知県、佐賀県、長崎県、熊本県、大分県、宮崎県、鹿児島県（15）
「別居型Ⅱ」	東京都、京都府、大阪府、福岡県、沖縄県（5）

（資料）国立社会保障・人口問題研究所「日本の将来推計人口」（2012年推計）、国立社会保障・人口問題研究所『高齢者の居住状態の将来推計』（所内研究報告書）2012年。

　2030年の結果をみると、人口高齢化の進展が地域の家族形成に何らかの影響を与えていることが考えられる。しかし、人口高齢化の進展が直ちに家族の構造的変化をもたらし、家族構造の地域性に大きな変化を与えるとは言えない。

　このことは、つぎの検討課題とも関わってくる。光吉利之は、家族構造と家族構成の四類型を設定した（表4－12）。この四類型に基づいて、まずケースⅠの家族構造と家族構成の動向をみると、2005年では（Ⅰ）類型が40府県（85.1％）で、この類型には東北日本のみならず西南日本の府県が属している。（Ⅱ）類型が1県（2.1％）、（Ⅲ）類型が2府県（4.3％）で、（Ⅳ）類型が4道都県（8.5％）で、（Ⅲ）と（Ⅳ）類型は、北海道を除く、大都市圏と西南日本に偏している（表4－13）。

表4−12　光吉利之の家族構造と家族構成論

光吉利之の四類型	操作化	
	家族構造	家族構成
（Ⅰ）直系家族制規範の規定力が強く二世代同居の拡大家族形態をとるタイプ	「後期高齢者」の女性が「同居世帯」で生活するものの割合が50％を超えている	「同居世帯」割合が50％を超えている
（Ⅱ）直系家族制規範の優位性が維持されているが独立核家族形態をとるタイプ	「後期高齢層」の女性が「同居世帯」で生活するものの割合が50％を超えている	「別居世帯」割合が50％を超えている
（Ⅲ）夫婦家族制規範の優位性が維持されているが二世代同居の拡大家族形態をとるタイプ	「後期高齢層」の女性が「別居世帯」で生活するものの割合が50％を超えている	「同居世帯」割合が50％を超えている
（Ⅳ）夫婦家族制規範の規定力が強く独立核家族形態をとるタイプ	「後期高齢層」の女性が「別居世帯」で生活するものの割合が50％を超えている	「別居世帯」割合が50％を超えている

注）これは、「ケースⅠ」の場合である、「ケースⅡ」における「別居世帯」は「夫婦のみ世帯」＋「単独世帯」＋「施設等の世帯」になる。

　光吉利之の四類型では、現実の日本家族を分析することができない。そこで、ここでは、この類型論を操作化することによって分析可能にした。操作化とは、理論に適合する分析指標を設定することによって、現実社会を分析可能にするための「研究の手続き」のことである。

表4−13 家族構造と家族構成（ケースⅠ・2005年）

光吉利之の四類型	都道府県名
（Ⅰ）直系家族制規範の規定力が強く二世代同居の拡大家族形態をとるタイプ	青森県、岩手県、宮城県、秋田県、山形県、福島県、茨城県、栃木県、群馬県、埼玉県、千葉県、神奈川県、新潟県、富山県、石川県、福井県、山梨県、長野県、岐阜県、静岡県、愛知県、三重県、滋賀県、京都府、兵庫県、奈良県、和歌山県、鳥取県、島根県、岡山県、広島県、徳島県、香川県、愛媛県、福岡県、佐賀県、長崎県、熊本県、大分県、沖縄県（40）
（Ⅱ）直系家族制規範の優位性が維持されているが独立核家族形態をとるタイプ	山口県（1）
（Ⅲ）夫婦家族制規範の優位性が維持されているが、二世代同居の拡大家族形態をとるタイプ	大阪府、宮崎県（2）
（Ⅳ）夫婦家族制規範の規定力が強く独立核家族形態をとるタイプ	北海道、東京都、高知県、鹿児島県（4）

（資料）総務省「国勢調査」（2005年）。

　2030年についてみると、（Ⅰ）類型は2県（4.3%）で、東北・北陸に、（Ⅱ）類型は29県（61.7%）で、東北日本のみならず西南日本にも分布している。（Ⅲ）類型はなし、（Ⅳ）類型は16都道府県（34.0%）で、西南日本を中心にして大都市圏とその周辺に分布している（表4−14）。

　この結果を家族構造の視点でみると、大きな変化をしていないことになる。というのは、（Ⅰ）類型から（Ⅱ）類型への変化は、家族構造の変化ではなく家族構成の変化によるからである。私は、このような変化を「構造内変化」と呼ぶことにした。ここでいう「構造内変化」とは、家族構造は維持・存続しているが、家族構成が「二世代同居の拡大家族形態」から「独立家族形態」へと変化したことを意味している。

　ところで、25年間における類型の変化をみると、（Ⅰ）類型は38県減、（Ⅱ）

表4-14　家族構造と家族構成（ケースⅠ・2030年）

光吉利之の四類型	都道府県名
（Ⅰ）直系家族制規範の規定力が強く二世代同居の拡大家族形態をとるタイプ	山形県、福井県（2）
（Ⅱ）直系家族制規範の優位性が維持されているが独立核家族形態をとるタイプ	青森県、岩手県、宮城県、秋田県、福島県、茨城県、栃木県、群馬県、埼玉県、千葉県、新潟県、富山県、石川県、山梨県、長野県、岐阜県、静岡県、愛知県、三重県、滋賀県、奈良県、鳥取県、島根県、岡山県、徳島県、香川県、佐賀県、熊本県、沖縄県（29）
（Ⅲ）夫婦家族制規範の優位性が維持されているが、二世代同居の拡大家族形態をとるタイプ	—
（Ⅳ）夫婦家族制規範の規定力が強く独立核家族形態をとるタイプ	北海道、東京都、神奈川県、京都府、大阪府、兵庫県、和歌山県、広島県、山口県、愛媛県、高知県、福岡県、長崎県、大分県、宮崎県、鹿児島県（16）

（資料）国立社会保障・人口問題研究所「日本の世帯数の将来推計（都道府県別推計）」（2009年推計）。国立社会保障・人口問題研究所『高齢者の居住状態の将来推計』（所内研究報告書）2012年。

類型は28県増、（Ⅲ）類型は2府県増、（Ⅳ）類型は12県増になる。

　それでは、この25年間にどのような変化が生じることになるのであろうか。ここでは、変化の型を設定し、それぞれの変化の型に該当する都道府県を明示し、25年後も家族構造の地域性が維持・存続されるのか、それとも構造的な変化を遂げるかを明らかにすることにした。というのは、これまでの日本の家族変動論は、具体的な証拠に基づかない「論拠なき理論」が大手を振っていたし、そのことを「無自覚的」に多くの研究者が継承してきたように思えてならないからである。

　このような問題意識に基づいて家族像の将来像をみると、「直系家族制」

と「夫婦家族制」を維持・存続したのは、それぞれ2県と4都道府県になる。前者は、東北・北陸で、後者は、北海道、大都市圏と西南日本である。一方、変化したのは、「直系家族制から夫婦家族制へ」と構造的な変化を遂げると考えられるのが21％、「直系家族制内での構造内変化」が約50％を占めている。これは、この25年間に「直系家族制」が維持・存続されるのが66％、「直系家族制から夫婦家族制へ」と変化するのが34％になる。このような動向をみると、2005年時点における家族構造の地域性は、2030年に至っても大きな変化が生ずることにはならないと言えよう（表4－15）。

表4－15　家族構造と家族構成の変化（ケースⅠ・2005～2030年）

変化の型		都道府県名
不変	直系家族制を維持・存続（Ⅰ）	山形県、福井県（2）
	夫婦家族制を維持・存続（Ⅳ）	北海道、東京都、高知県、鹿児島県（4）
変化	直系家族制内での構造内変化（ⅠからⅡへ）	青森県、岩手県、宮城県、秋田県、福島県、茨城県、栃木県、群馬県、埼玉県、千葉県、新潟県、富山県、石川県、山梨県、長野県、岐阜県、静岡県、愛知県、三重県、滋賀県、奈良県、鳥取県、島根県、岡山県、徳島県、香川県、佐賀県、熊本県、沖縄（29）
	直系家族制から夫婦家族制へと構造的変化（ⅠからⅣへ）	神奈川県、京都府、兵庫県、和歌山県、広島県、山口県、愛媛県、福岡県、長崎県、大分県（10）
	夫婦家族制内での構造内変化（ⅢからⅣへ）	大阪府、宮崎県（2）

（資料）総務省「国勢調査」、国立社会保障・人口問題研究所「日本の世帯数の将来推計（都道府県別推計）」（2009年推計）、国立社会保障・人口問題研究所「日本の将来推計人口」（2012年推計）、同『高齢者の居住状態の将来推計』（所内研究報告書）2012年。

最後に、高齢者家族は、どのような軌跡をたどるかを山形県と鹿児島県を事例にして分析することにした。それは、山形県が「直系家族制規範の規定力が強く二世代同居の拡大家族形態をとるタイプ」、鹿児島県が「夫

婦家族制規範の規定力が強く独立核家族形態をとるタイプ」を代表する地域であると考えているからである。

　ここでの分析は、加齢と家族との関連をみようとするものである。このような分析にこだわるのは、上述したように直系家族制下においても「親が元気なうちは別居し、親の具合が悪くなると同居する」という考え方が子世代において比較的多いとされている。とすれば、親世代の年齢の上昇に伴う住みかたの変化を考察することは、地域の家族構造を明らかにすることに通じると考えたからである。

　このような認識に基づいて、2005年の動向をみると、全国の場合、親世代が比較的健康な「65〜74歳」までは、「別居」が「同居」を上回っているが、要介護になる確率が高くなる「75歳以上」になると、「同居」が「別居」を上回ってくる。こうした現象は、日本社会が「直系家族制」であることによるものと考えられる。山形県の場合、ほぼ一貫して「同居」が「別居」を上回っている。しかし、「65〜74歳」と「75歳以上」とを比較すると、75歳以上の「同居」割合が高まってくる。鹿児島県の場合、すべての年齢層で「別居」が「同居」を上回っているが、「80歳以上」になると、「同居」割合が上昇してくる。夫婦家族制は、子夫婦との別居を原則とする。したがって、親夫婦は、配偶者との死別後、「単独世帯」で人生の終末期を迎えることを望ましいとされている。このことが、「80歳以上」の人たちが「単独世帯」で暮らしている割合の高さにあらわれている。これを山形県の「80歳以上」の家族形態でみると、彼らは、「同居」で生活している割合が最も高くなっている。これは、親夫婦と子夫婦は「同居」形態で生活するのが望ましいとする「直系家族制」に基づいているからであろう。このような差異をみると、日本社会には山形県と鹿児島県を両極にして対照的な家族構造が存在していることになる（表4−16）。

表4－16　年齢別、世帯の種類別、世帯の家族類型別世帯人員（女性）
（ケースⅠ・2005年）　　　　　　　　　　（単位：人、％）

地域・年齢	総数	同居	別居	夫婦のみ	単独
全　国	13,800,536	52.7	47.3	26.9	20.4
65～69歳	3,840,316	45.7	54.3	39.0	15.3
70～74歳	3,518,562	45.9	54.1	34.2	19.9
75～79歳	2,867,049	51.3	48.7	24.6	24.1
80歳以上	3,574,609	67.5	32.5	9.0	23.5
山形県	172,590	72.6	27.4	16.3	11.0
65～69歳	40,055	64.7	35.3	26.5	8.8
70～74歳	42,625	67.6	32.4	21.7	10.7
75～79歳	40,342	72.6	27.4	14.6	12.8
80歳以上	49,568	83.5	16.5	4.9	11.6
鹿児島県	237,882	32.8	67.2	34.7	32.5
65～69歳	56,089	30.7	69.3	49.7	19.6
70～74歳	59,931	27.2	72.8	45.2	27.6
75～79歳	53,850	29.3	70.7	33.9	36.9
80歳以上	68,012	42.4	57.6	13.7	44.0

（資料）総務省「国勢調査」（2005年）。

　それでは、2030年になると、この状況は変化するのであろうか。2030年の状況をみると、全国では、「65～79歳」まで「別居」が「同居」を上回っているが、「80歳以上」になると、「同居」が「別居」を上回ってくる。こうした、いわば「同居遅れ現象」は、どうして生じたのであろうか。これは、配偶者（主に男性）の長寿化によって生じたと考えられる。というのは、「75～79歳」で「夫婦のみの世帯」で暮らしている割合が増加しているからである。これは、「直系家族制」のもとで家族生活を営むことが望ましい社会においても「夫婦とも健在」ならば、「夫婦のみの世帯」で暮らし、配偶者を失った場合、子どもの世帯との生活を考えることになったことと、「単独世帯（一人暮らし）」になっても、元気なうちは一人暮らしをつづける人たちが増加している。このことが、「80歳以上」でも「単独世帯」で生活する人の割合を高めていると考えられる。とすれば、この「同居」割合の

低下は、「直系家族制」における「構造内変化」によって生じたと考えられるのではなかろうか。つぎに、山形県をみると、ここでも基本的には全国と同様な傾向にあると言えよう。その同様な傾向とは、「同居遅れ現象」のことであり、こうしたことが「80歳以上」の人たちの「同居」割合の低下をもたらしていることになる。したがって、山形県も「直系家族制」を基本とする社会を維持・存続しながら、「構造内変化」が生じていると考えられる。さらに、鹿児島県をみると、「65～79歳」までは、「夫婦家族制」を基本にしながら「同居」割合の高まりがみられる。その意味では、「夫婦家族制」を基本にした「構造内変化」がみられることになる。しかし、「80歳以上」になると、本来の「夫婦家族制」が顕在化してくる（表4－17）。

表4－17　年齢別、世帯の種類別、世帯の家族類型別世帯人員（女性）
（ケースⅠ・2030年）　　　　　　　　　　　　（単位：人、％）

地域・年齢	総数	同居	別居	夫婦のみ	単独
全国	18,567,638	49.6	50.4	26.8	23.6
65～69歳	3,730,966	49.6	50.4	31.5	18.8
70～74歳	3,458,989	44.0	56.0	36.1	20.0
75～79歳	3,675,343	40.6	59.4	36.2	23.2
80歳以上	7,702,340	56.3	43.7	15.9	27.8
山形県	178,698	60.9	39.1	22.0	17.1
65～69歳	33,300	56.3	43.7	29.1	14.6
70～74歳	35,712	53.9	46.1	30.1	16.0
75～79歳	37,704	54.8	45.2	27.3	17.8
80歳以上	71,982	69.7	30.3	11.9	18.4
鹿児島県	254,961	35.8	64.2	32.0	32.2
65～69歳	50,414	39.7	60.3	38.4	21.9
70～74歳	54,681	35.4	64.6	41.1	23.5
75～79歳	54,997	32.2	67.8	39.1	28.7
80歳以上	94,869	36.1	63.9	19.3	44.6

（資料）国立社会保障・人口問題研究所『高齢者の居住状態の将来推計』（所内研究報告書）2012年。

2005年と2030年との比較を通じて高齢者家族の地域性について検討してきたが、この結果をみると、家族構造の地域性は維持・存続しているが、そこに「構造内変化」がみられることが明らかになった。とすれば、この「構造内変化」が構造的変化を引き起こす動因になるかに着目しながら、その年々の家族構造を観察・検討する姿勢が必要であり、その「構え」が高齢化社会における家族構造と介護のあり方を方向づける指針となるのではなかろうか。

3－2　ケースⅡからたみた高齢者家族の現状と将来

　2005年についてみると、「同居型Ⅰ」は21県（44.7％）で、地域でみると東北日本から西南日本にわたって分布している。「同居型Ⅱ」は10県（21.3％）で、大都市圏とその周辺地域が中心になっている。「別居型Ⅰ」は11道府県（23.4％）で、北海道を除くと、西南日本地域である。「別居型Ⅱ」5都県（10.6％）で、大都市圏が中核となっている（表4－18）。

表4－18　人口高齢化と家族構造からみた地域性（ケースⅡ・2005年）

類　型	都道府県名
「同居型Ⅰ」	青森県、岩手県、秋田県、山形県、福島県、群馬県、新潟県、富山県、福井県、山梨県、長野県、岐阜県、静岡県、三重県、鳥取県、島根県、岡山県、徳島県、香川県、佐賀県、熊本県（21）
「同居型Ⅱ」	宮城県、茨城県、栃木県、埼玉県、千葉県、石川県、愛知県、滋賀県、奈良県、沖縄県（10）
「別居型Ⅰ」	北海道、京都府、和歌山県、広島県、山口県、愛媛県、高知県、長崎県、大分県、宮崎県、鹿児島県（11）
「別居型Ⅱ」	東京都、神奈川県、大阪府、兵庫県、福岡県（5）

（資料）総務省『国勢調査』（2005年）

　この結果をケースⅠと比較すると、「同居型Ⅰ」と「同居型Ⅱ」は減少しているが、「別居型Ⅰ」と「別居型Ⅱ」は増加している。

つぎに、2030年をみると、「同居型Ⅰ」は10県（21.3%）で、東北、北関東、北陸、東海に、「同居型Ⅱ」は1県（2.1%）で滋賀県、「別居型Ⅰ」は26道県（55.3%）で全国に、「別居型Ⅱ」は10府県（21.3%）で、大都市圏を中心に分布している（表4－19）。

表4－19　人口高齢化と家族構造からみた地域性（ケースⅡ・2030年）

類型	都道府県名
「同居型Ⅰ」	岩手県、宮城県、秋田県、山形県、福島県、茨城県、栃木県、新潟県、岐阜県、静岡県（10）
「同居型Ⅱ」	滋賀県（1）
「別居型Ⅰ」	北海道、青森県、群馬県、富山県、石川県、福井県、山梨県、長野県、三重県、奈良県、和歌山県、鳥取県、島根県、岡山県、広島県、山口県、徳島県、香川県、愛媛県、高知県、佐賀県、長崎県、熊本県、大分県、宮崎県、鹿児島県（26）
「別居型Ⅱ」	埼玉県、千葉県、東京都、神奈川県、愛知県、京都府、大阪府、兵庫県、福岡県、沖縄県（10）

（資料）国立社会保障・人口問題研究所「日本の将来推計人口」（2012年推計）、国立社会保障・人口問題研究所『高齢者の居住状態の将来推計』（所内研究報告書）2012年。

この結果を「ケースⅠ」と比較すると、「同居型Ⅰ」と「同居型Ⅱ」は大幅な減少を示しているが、「別居型Ⅰ」と「別居型Ⅱ」は増加が著しい。とくに、2005年時点では、「同居型」であった東北、北陸、西南日本地域が「別居型」に変化してきていることを指摘しておきたい。

こうした変化に潜む構造については、家族構造と家族構成の分析を通じて解明したい。日本の家族構造と家族構成を2005年についてみると、（Ⅰ）類型が31県（66.0%）で、東北日本から西南日本に及んでいる。（Ⅱ）類型はなし、（Ⅲ）類型が11府県（23.4%）で、東京・大阪大都市圏と西南日本地域に分布している。（Ⅳ）類型が5都道県（10.6%）で、地域としては北海道、東京都や中国・四国・九州の一部の地域になる（表4－20）。

表4－20　家族構造と家族構成（ケースⅡ・2005年）

光吉利之の四類型	都道府県名
（Ⅰ）直系家族制規範の規定力が強く二世代同居の拡大家族形態をとるタイプ	青森県、岩手県、宮城県、秋田県、山形県、福島県、茨城県、栃木県、群馬県、埼玉県、千葉県、新潟県、富山県、石川県、福井県、山梨県、長野県、岐阜県、静岡県、愛知県、三重県、滋賀県、奈良県、鳥取県、島根県、岡山県、徳島県、香川県、佐賀県、熊本県、沖縄県（31）
（Ⅱ）直系家族制規範の優位性が維持されているが独立核家族形態をとるタイプ	－
（Ⅲ）夫婦家族制規範の優位性が維持されているが、二世代同居の拡大家族形態をとるタイプ	神奈川県、京都府、大阪府、兵庫県、和歌山県、広島県、愛媛県、福岡県、長崎県、大分県、宮崎県（11）
（Ⅳ）夫婦家族制規範の規定力が強く独立核家族形態をとるタイプ	北海道、東京都、山口県、高知県、鹿児島県（5）

（資料）総務省「国勢調査」（2005年）。

　これを2030年についてみると、（Ⅰ）類型が1県（2.1％）で、山形県のみとなったが、（Ⅱ）類型は10県（21.3％）、（Ⅲ）類型は1県（2.1％）で、福井県のみである。（Ⅳ）類型は35都道府県（74.5％）になると予測されている（表4－21）。

　この結果を踏まえて、2005～2030年にかけての変化をみると、「直系家族制」を維持・存続するのは山形県のみであるが、「直系家族制内での構造内変化」が9県あり、これらの地域は東北日本を中核にしながら、東海・東近畿の一部に及んでいる。しかし、「直系家族制地域」は、日本全体の2割になってくる。

第4章　高齢化社会における家族と介護

表4-21　家族構造と家族構成（ケースⅡ・2030年）

光吉利之の四類型	都道府県名
（Ⅰ）直系家族制規範の規定力が強く二世代同居の拡大家族形態をとるタイプ	山形県（1）
（Ⅱ）直系家族制規範の優位性が維持されているが独立核家族形態をとるタイプ	岩手県、宮城県、秋田県、福島県、茨城県、栃木県、新潟県、岐阜県、静岡県、滋賀県（10）
（Ⅲ）夫婦家族制規範の優位性が維持されているが、二世代同居の拡大家族形態をとるタイプ	福井県（1）
（Ⅳ）夫婦家族制規範の規定力が強く独立核家族形態をとるタイプ	北海道、青森県、群馬県、埼玉県、千葉県、東京都、神奈川県、富山県、石川県、山梨県、長野県、愛知県、三重県、京都府、大阪府、兵庫県、奈良県、和歌山県、鳥取県、島根県、岡山県、広島県、山口県、徳島県、香川県、愛媛県、高知県、福岡県、佐賀県、長崎県、熊本県、大分県、宮崎県、鹿児島県、沖縄県（35）

（資料）国立社会保障・人口問題研究所「日本の世帯数の将来推計（都道府県別推計）」（2009年推計）2010年。国立社会保障・人口問題研究所『高齢者の居住状態の将来推計』（所内研究報告書）2012年。

したがって、残り8割の地域は「夫婦家族制」になる。その状況をみると、「夫婦家族制を維持・存続」するのは、5都道府県であるが、「直系家族制から夫婦家族制へと構造的変化」を遂げるのが21県となり、ここには東北、北関東、南関東、東山（山梨県・長野県）等の地域が含まれている。これは、この地域でも「直系家族制」から「夫婦家族制」への変動が生じていることになる。さらに、「夫婦家族制内での構造内変化」をみると、この変化が生じた11府県であるが、その地域は大都市圏と九州を中心にして東近畿、中国、四国の一部にまで及んでいる（表4-22）。

表4-22 家族構造と家族構成の変化(ケースⅡ・2005～2030年)

変化の型		都道府県名
不変	直系家族制を維持・存続(Ⅰ)	山形県(1)
	夫婦家族制を維持・存続(Ⅳ)	北海道、東京都、山口県、高知県、鹿児島県(5)
変化	直系家族制内での構造内変化(ⅠからⅡへ)	岩手県、宮城県、秋田県、福島県、茨城県、栃木県、新潟県、岐阜県、滋賀県(9)
	直系家族制から夫婦家族制へと構造的変化(ⅠからⅢ・Ⅳへ)	青森県、群馬県、埼玉県、千葉県、富山県、石川県、福井県、山梨県、長野県、愛知県、三重県、奈良県、鳥取県、島根県、岡山県、山口県、徳島県、香川県、佐賀県、熊本県、沖縄県(21)
	夫婦家族制内での構造内変化(ⅢからⅣへ)	神奈川県、京都府、大阪府、兵庫県、和歌山県、広島県、愛媛県、福岡県、長崎県、大分県、宮崎県(11)

(資料) 総務省「国勢調査」、国立社会保障・人口問題研究所「日本の世帯数の将来推計(都道府県別推計)」(2010年推計)、国立社会保障・人口問題研究所「日本の将来推計人口」(2012年推計)、同『高齢者の居住状態の将来推計』(所内研究報告書)2012年。

　このような日本の全体状況を踏まえて、2005年における全国、山形県、鹿児島県における動向を考察することにした。
　全国における年齢別の動向をみると、「65～74歳」では「別居」で生活しているものが「同居」を上回っているが、「75歳以上」になると「同居」生活者が「別居」者を上回ってくるが、「75～79歳」から「80歳以上」への移行過程をみると、「75～79歳」における「別居」(「夫婦のみの世帯」＋「単独世帯」)生活者は、「同居」と「施設等の世帯」へと移行するのが潮流となっているように思われる。この潮流は、「直系家族制」を基本として生じていると言えよう。
　山形県は、加齢とともに「同居」生活者が増加しており、「直系家族制」社会にみられる典型的なライフコースを歩んでいる。

第4章　高齢化社会における家族と介護

表4－23　年齢別、世帯の種類別、世帯の家族類型別世帯人員（女性）
（ケースⅡ・2005年）　　　　　　　　　　　　　　（単位：人、％）

地域・年齢	総数	同居	別居	夫婦のみ	単独	施設等	【参考】別居＋施設等
全　国	14,797,406	49.1	44.1	25.1	19.0	6.7	50.9
65～69歳	3,887,604	45.6	53.2	38.2	15.0	1.2	54.4
70～74歳	3,597,754	44.9	52.9	33.4	19.4	2.2	55.1
75～79歳	3,006,484	48.9	46.4	23.5	23.0	4.6	51.0
80歳以上	4,305,564	56.0	27.0	7.5	19.5	17.0	44.0
山形県	183,548	68.3	25.7	15.4	10.4	6.0	31.7
65～69歳	40,543	63.9	34.9	26.2	8.7	1.2	36.1
70～74歳	43,509	66.2	31.8	21.3	10.5	2.0	33.8
75～79歳	42,028	69.7	26.3	14.0	12.3	4.0	30.3
80歳以上	57,468	72.0	14.2	4.3	10.0	13.7	28.0
鹿児島県	262,910	29.7	60.8	31.4	29.4	9.5	70.3
65～69歳	57,264	30.1	67.8	48.6	19.2	2.1	69.9
70～74歳	61,831	26.4	70.6	43.8	26.7	3.1	73.6
75～79歳	57,201	27.6	66.6	31.9	34.7	5.9	72.5
80歳以上	86,614	33.3	45.3	10.7	34.5	21.5	66.7

（資料）総務省「国勢調査」（2005年）。

　鹿児島県は、加齢に伴って「別居」生活者が増大することを潮流にしているが、「70～74歳」以降の動向をみると、「夫婦のみの世帯」で生活していた者は、夫婦とも健在な場合、「夫婦のみの世帯」に留まるが、配偶者と死別した場合、このことを契機にして「単独世帯」、「施設等の世帯」に移行している（表4－23）。

　このように「別居」に「施設等の世帯」を加えた家族構造でみても、日本には依然として家族構造に地域性が存在していたことを、その典型例を通じて考察してきた。

　この状況は、2030年になると、どのような変化を遂げることになるのであろうか。

全国についてみると、「同居」生活者は、「65～79歳」まで減少してくるが、「別居」(「夫婦のみの世帯」+「単独世帯」および「別居」+「施設等の世帯」)は増加している。しかし、「80歳以上」になると、「同居」が若干の増加、「別居」は逆に減少に転じてくるが、「同居」を上回るまでには至っていない。これは、「80歳以上」における「施設等の世帯」への移行が大きく関わっているからであろう。
　山形県についてみると、すべての年齢で「同居」が「別居」を上回っているが、「70～79歳」で、その割合が減少するが、「80歳以上」になると、「同居」生活者が増加してくる。これは、「70～79歳」において「夫婦のみの世帯」で生活する者の増加（夫婦が健在でいる期間の長期化）が寄与していると考えられる。しがって、「直系家族制内での構造内変化」によるもので、「直系家族制」が構造的に変化する方向にあるとは言えない。
　鹿児島県についてみると、「別居」(「別居」+「施設等の世帯」)生活者が一貫して増加している。この動向をみると、鹿児島県の高齢者は、「夫婦家族制」社会における典型的な人生コースを歩んでいる（表4－24）。
　ここで、ケースⅡは、「施設等の世帯」を含めて「別居」としたのは、今後、「長寿化」（平均余命の伸長に伴う「後期高齢者」の相対的増加）の進展が要介護者の増加を招来することも予想されるからである。とすれば、その介護は「家族介護」を中心にしながらも「施設介護」の方向に向かうことも想定しなければならない。ケースⅡは、このような状況設定のもとに、もう一つの家族構造の地域性を考察することを企図した。このような考え方に基づいて検討した結果をみると、2005年には「直系家族制」を基本にした地域も「夫婦家族制」に構造的変化を遂げたところもかなりの数になった。この変化に寄与したのは、夫婦が健在であることによる「夫婦のみの世帯」での継続的な生活と要介護状態に立ち至った際には「施設等の世帯」に移行することへの抵抗感が薄れてきたことによるものと考えられる。しかし、ケースⅡでみても、日本社会には、「直系家族制を維持・存続」している地域と「直系家族制内での構造内変化」に留まっているところと、

表4−24　年齢別、世帯の種類別、世帯の家族類型別世帯人員（女性）
（ケースⅡ・2030年）　　　　　　　　　　　　　　　　（単位：人、％）

地域・年齢	総数	同居	別居	夫婦のみ	単独	施設等	【参考】別居＋施設等
全国	21,033,564	43.7	44.6	23.7	20.9	11.7	56.3
65〜69歳	3,808,956	48.6	49.4	30.9	18.5	2.0	51.4
70〜74歳	3,553,123	42.8	54.5	35.1	19.4	2.6	57.1
75〜79歳	3,863,552	38.6	56.5	34.5	22.0	4.9	61.4
80歳以上	9,807,933	44.2	34.3	12.5	21.9	21.5	55.8
山形県	198,748	54.7	35.2	19.8	15.4	10.1	45.3
65〜69歳	33,999	55.2	42.8	28.5	14.3	2.1	44.9
70〜74歳	36,627	52.5	45.0	29.4	15.6	2.5	47.5
75〜79歳	39,387	52.5	43.3	26.2	17.1	4.3	47.6
80歳以上	88,735	56.5	24.6	9.7	14.9	18.9	43.5
鹿児島県	296,846	30.7	55.1	27.5	27.6	14.1	69.2
65〜69歳	51,917	38.5	58.6	37.3	21.3	2.9	61.5
70〜74歳	56,685	34.1	62.4	39.7	22.7	3.5	65.9
75〜79歳	58,579	30.2	63.7	36.7	27.0	6.1	69.8
80歳以上	129,665	26.4	46.8	14.1	32.6	26.8	73.6

（資料）国立社会保障・人口問題研究所『高齢者の居住状態の将来推計』（所内研究報告書）2012年。

「夫婦家族制を維持・存続」している地域、「直系家族制から夫婦家族へと構造的変化」を遂げた地域や「夫婦家族制内での構造内変化」に留まっているところが共存していることが明らかになった。ということは、家族構造と介護のあり方を考えるときにも、この家族構造の地域性を無視して介護を考えることはできないことを、この推計結果は、物語っていると言えよう。

4．家族構造の地域性と介護

　介護システムについては、地域（都道府県）レベルで把握することができ

にくい。それは、統一的な調査が実施されていないからである。

そこで、ここでは、山形県と鹿児島県が実施した調査を用いて家族構造の地域性と介護との関連を検討することにした。

4 − 1　山形県の事例分析

山形県は、2010年に「新世紀やまがた課題調査」を実施した。この調査は、県内居住の満20歳以上の男女を母集団にして層化二段無作為抽出法によって選定された2,500人を対象にして郵送調査によって実施されたものであるが、回収数（率）は1,629人（65.2%）である。ここでは、総数、性別、年齢（「60〜64歳」と「65歳以上」）、性別・年齢（男性・女性とも「60〜64歳」「65歳以上」）を指標にして分析を行うことにした。

まず、家族に関するものをみると、この調査には、「あなたは、親子三世代がどのような暮らし方をするのが望ましいと思いますか」（○は1つ）という設問がある。その回答をみると、総数では、「近くにいてお互いが助け合えれば別居してもよい（子どもを預けにいける距離で暮らす）」（「近居」とした）が最も高く、つぎが「同居して、世代が助け合って暮らすのが良い」（「同居」とした）、さらに「お互いに生活に関わらないで暮らしていても、最後に親の面倒を見るのであれば別居していても差し支えない（何かあれば連絡したり、お盆や正月に会う程度）」（「条件つき別居」とした）と続いているが、この傾向は「男性」、「女性」、「60〜64歳」、「女性の60〜64歳」にも共通することである。しかし、「65歳以上」、「男性の60〜64歳、65歳以上」、「女性の65歳以上」では、「同居」「近居」「条件付き別居」の順になってくる。これは、高齢期になると、「同居」を望む傾向にあり、それは、とくに男性に強いことが明らかになった（表4 −25）。

この結果をみると、意識上ではあるが、「直系家族制」を基本とする山形県においても「修正直系家族」や「条件つき別居」を容認する状況が生まれていると言えよう。

第4章　高齢化社会における家族と介護

表4-25　居住形態—志向性

(単位：人、%)

性別・年齢		総数	同居	近居	条件つき別居
総　数		2,975	32.2	45.7	17.6
性別	男性	1,473	36.8	40.0	19.0
	女性	1,478	27.7	51.5	16.1
年齢	60〜64歳	385	36.4	41.0	19.0
	65歳以上	561	43.7	28.5	22.5
性別・年齢	男性 60〜64	209	39.2	36.8	20.6
	65歳以上	287	43.6	26.8	26.5
	女性 60〜64歳	173	33.5	45.7	16.8
	65歳以上	269	44.6	30.9	17.1

(注) その他、無回答、不詳は除いた。
(資料) 山形県『平成22年度新世紀やまがた課題調査報告書』。

　このような居住形態に関する志向性を踏まえて、つぎに介護の場所をみると、すべての指標において「自宅」が最も多くなっている。しかし、これを仔細に検討すると、性別では「女性」、性別・年齢では「女性の60〜64歳」が、総数レベル(31.8%)を下回っており、女性は必ずしも「自宅」に拘っていないことになる。この男女差は、女性の介護経験から出た意識の反映と読みとることができよう(表4-26)。

表4−26 介護の場所

(単位:人、%)

性別・年齢		総数	自宅	特別養護老人ホーム	老人保健施設	病院などの医療機関	介護付きの有料老人ホーム
総数		2,975	31.8	19.6	20.3	6.0	6.7
性別	男性	1,473	36.9	18.1	18.3	7.6	5.1
	女性	1,478	26.7	21.0	22.3	4.5	8.3
年齢	60〜64歳	385	37.9	14.3	20.0	10.4	5.2
	65歳以上	561	37.8	16.9	21.0	8.6	6.1
性別・年齢	男性 60〜64歳	209	45.9	12.4	18.2	10.5	5.7
	65歳以上	287	43.6	15.7	20.2	9.4	5.2
	女性 60〜64歳	173	28.9	16.8	20.8	10.4	4.6
	65歳以上	269	31.6	17.8	22.3	7.8	7.1

(注) その他、わからない、無回答、不詳等は除いた。
(資料) 山形県『平成22年度新世紀やまがた課題調査報告書』。

ともあれ、この設問をみても、山形県民は、必ずしも「介護は自宅で」に拘っていないことになろう。

さらに、「あなたが、在宅で介護が必要になった場合に世話をして欲しい人は、だれですか」(○はいくつでも) の設問で在宅で介護して欲しい人を問うている。

その結果をみると、総数では、「配偶者」、「在宅サービス(ホームヘルパー・訪問看護師など)」(「在宅介護サービス」とした)、「同居の子」の順序になっているが、指標毎にみると、「在宅介護サービス」が最も多いのは、「女性」(性別)、女性の「60〜64歳」と「65歳以上」(性別・年齢)となっている(表4−27)。

第4章　高齢化社会における家族と介護

表4−27　介護して欲しい人

(単位：人、％)

性別・年齢		総　数	配偶者	同居の子	在宅介護サービス
総　数		2,975	53.6	22.4	44.9
性別	男　性	1,473	65.0	18.5	37.5
	女　性	1,478	42.4	26.4	52.2
年齢	60〜64歳	385	60.3	19.5	45.2
	65歳以上	561	62.0	23.0	43.1
性別・年齢	男　性				
	60〜64歳	209	73.2	18.2	40.7
	65歳以上	287	80.8	19.5	36.9
	女　性				
	60〜64歳	173	44.5	21.4	49.7
	65歳以上	269	42.4	27.1	49.8

（注）選択が多かった三つまでを取りあげた。複数回答。
（資料）山形県『平成22年度新世紀やまがた課題調査報告書』。

　これは、ここでも、一般的ではあるが、介護される経験の多い男性（介護した経験のない男性）は、「配偶者」を介護して欲しい人の第1位に挙げているが、女性は、介護して欲しい人として「在宅介護サービス」を挙げている。これは、自らが介護される立場になった時には、配偶者と死別していることと、自らの介護経験から家族に依存することの大変さを経験しているからであろう。
　ともあれ、これらの結果をみると、居住形態については、「修正直系家族」や「条件つき別居」も容認、介護の場所も「自宅外の介護施設」も許容、在宅介護における介護者も「配偶者」のみに拘らず、「在宅介護サービス」の必要性も認める方向にあると言えよう。但し、これは、まだ「女性中心」の考え方であり、男性にまで浸透していないのが現状ではなかろうか。

4−2　鹿児島県の事例分析

　それでは、鹿児島県は、どのような状況にあるかを検討することにしたい。

　鹿児島県は、2010年11月から2011年2月まで在宅要介護者と介護保険施設入所者を対象にして高齢者の実態調査を実施した。在宅要介護者調査は、2010年現在で介護保険の被扶養者であり、介護保険施設（介護型療養施設を除く）を除く要介護者（要支援）認定者を対象者にしたもので、有効回収者は15,995人である。介護保険施設入所者調査は、2010年10月1日現在で介護保険の被保険者であり、介護保険施設（介護療養型施設を除く）に入所中の者を対象にしてもので、有効回収数は8,264人となっている。

　まず、在宅要介護者調査から検討することにした。現在の居住形態をみると、「別居」(「ひとり暮らし」+「夫婦二人暮らし」)が「同居」を上回っているが、「80歳〜84歳」以後「別居」割合が上昇し、「90歳以上」になると、「同・別居」の割合が均衡化してくる。これは、在宅介護の場合、親が高齢化すると子世代との「同居」が増加してくることを意味していると言えよう（表4−28）。

　それでは、このような居住形態を可能にする条件が存在するのであろうか。この点を確かめるために、介護保険サービスの利用状況を検討してみた。その結果をみると、「必要なサービスは全て利用している」、「必要なサービスを一部利用している」ものが大多数を占めていることが明らかになった（表4−29）。

第4章　高齢化社会における家族と介護

表4-28　居住形態

(単位：人、%)

性別・年齢		総数	ひとり暮らし	夫婦二人暮らし	二世代以上で同居	その他
総数		15,995	34.7	25.1	31.2	7.4
性別	男性	4,573	20.7	47.4	25.4	5.7
	女性	11,138	40.6	15.9	33.7	8.1
年齢	40〜64歳	670	15.8	33.6	35.5	14.0
	65〜69歳	481	22.2	44.3	24.9	7.5
	70〜74歳	1,066	25.3	44.7	22.1	6.4
	75〜79歳	2,300	30.9	40.6	22.2	5.5
	80〜84歳	3,896	37.1	29.4	27.2	5.2
	85〜89歳	4,258	40.0	16.9	34.0	7.6
	90歳以上	3,145	36.7	8.2	42.8	10.4

(注) 不詳等は除いた。
(資料) 鹿児島県『高齢者実態調査集計分析報告書』2012年。

表4-29　介護保険サービスの利用状況

(単位：人、%)

性別・年齢		総数	必要なサービスは全て利用している	必要なサービスを一部利用している	以前利用していたが、利用しなくなった	全く利用したことがない
総数		15,995	47.7	39.6	3.3	5.4
性別	男性	4,573	47.3	39.2	3.4	6.3
	女性	11.138	48.5	39.5	3.3	4.7
年齢	40〜64歳	670	34.8	47.3	5.7	9.3
	65〜69歳	481	44.7	41.2	3.5	6.9
	70〜74歳	1,066	47.8	37.9	3.5	6.5
	75〜79歳	2,300	46.1	40.2	3.1	6.8
	80〜84歳	3,896	48.1	38.4	3.6	5.9
	85〜89歳	4,258	48.3	40.5	2.9	4.1
	90歳以上	3,145	51.0	37.9	3.0	4.1

(注) 不詳等は除いた。
(資料) 鹿児島県『高齢者実態調査集計分析報告書』2012年。

さらに、今後の生活の場として、どのようなことを望んでいるかをみると、要介護者は「現在のまま住み続けたい」と考えているものが7割以上存在している（表4-30）。

表4-30　今後の生活の場についての意向

（単位：人、％）

性別・年齢		総　数	現在のまま住み続けたい	現在の住まいを改修する等して住み続けたい	介護保険施設に入所したい
総　数		15,995	74.7	5.7	4.6
性別	男性	4,573	76.0	6.2	4.2
	女性	11,138	74.4	5.4	4.8
年齢	40～64歳	670	70.6	9.4	3.3
	65～69歳	481	71.3	7.9	4.2
	70～74歳	1,066	73.8	6.8	5.0
	75～79歳	2,300	74.6	6.6	4.5
	80～84歳	3,896	75.3	5.9	4.4
	85～89歳	4,258	75.9	5.5	4.7
	90歳以上	3,145	74.1	3.7	5.2

（注）不詳等は除いた。
（資料）鹿児島県『高齢者実態調査集計分析報告書』2012年。

また、現在「同居」している介護者の8割、「別居」（「近居」、「遠居」）介護者も7割前後のものが、「在宅で介護したい」と考えている（表4-31）。

鹿児島県は、「夫婦家族制」を基本にしているので、「同居」は必ずしも多いわけではないが、「同居」で生活し、かつ子世代から介護されている高齢者は、自らも現在の住居での生活を望んでいるが、高齢者を介護している子世代も、「同居介護」を忌避しようとしていないことも明らかになった。2030年における家族推計（ケースⅠ）で「75～79歳」から「80歳以上」において、「同居」割合が若干ではあるが増加に転じているのは、このようなメカニズムによって生じていることになろう（表4-17）。

第4章 高齢化社会における家族と介護

ともあれ、「夫婦家族制」を基本とする鹿児島県の家族も、長寿化の進展とそれに伴う要介護者の増大に伴って、家族関係に変化を生ずる可能性が内在しているのかもしれない。しかし、このような変化をもたらす契機になったのは介護保険制度の導入が考えられる。というのは、鹿児島県における介護保険サービスの利用者が高い割合を示しているからである。

表4-31 今後の介護について—介護者の意向

(単位：人、％)

介護者の性別・年齢・居住場所		総数	在宅で介護したい	施設へ入所させたい
総数		11,783	76.3	11.3
性別	男性	3,635	80.4	11.6
	女性	7,481	80.0	11.9
年齢	40歳未満	255	77.3	8.6
	40～64歳	5,915	79.6	12.3
	65～74歳	1,848	80.4	12.9
	75歳以上	2,442	81.6	10.5
居住場所	同居	7,780	83.9	9.9
	別居（15分未満の距離）	2,000	74.1	15.8
	別居（15～30分未満の距離）	484	68.6	19.0
	別居（30～60分未満の距離）	358	69.4	16.9
	別居（60分以上の距離）	397	66.2	16.1

(注) 不詳等は除いた。
(資料) 鹿児島県『高齢者実態調査集計分析報告書』2012年。

このような在宅高齢者の状況を踏まえて、つぎに介護保険施設入所者の動向を検討することにした。

まず、介護保険施設入所者の年齢をみると、「75～79歳」頃から増加傾向を示し、「80歳」以上になると、6割を超える。これを「後期高齢層」の入所者についてみると、この層が全体の9割を占めることになる（表4-32）。

表4-32 介護保険施設入所者の年齢

(単位:人、%)

介護保険施設入所者	総数	40～64歳	65～69歳	70～74歳	75～79歳	80～84歳	85～89歳	90歳以上
総数	8,264	1.2	1.7	4.3	10.7	19.7	25.9	35.8

(注)不詳等は除いた。
(資料)鹿児島県『高齢者実態調査集計分析報告書』2012年。

施設入所者の入所前の居住形態をみると、「別居」(「ひとり暮らし」+「夫婦二人暮らし」)が5割以上で、「同居」(「二世代以上で同居」)は2割に留まっている(表4-33)。

表4-33 施設入所前の居住形態

(単位:人、%)

介護保険施設入所者	総数	一人暮らし	夫婦二人暮らし	二世代以上で同居	その他	わからない
総数	8,264	33.5	17.9	25.1	4.6	16.9

(注)不詳等は除いた。
(資料)鹿児島県『高齢者実態調査集計分析報告書』2012年。

施設入所者の施設への入所理由をみると、「身体機能が低下し、生活ができなくなった」が4割以上を占め最も多い理由となっているが、さらに「認知機能が低下し、生活ができなくなった」「介護者が高齢や病気で、十分に介護できなくなった」、「介護者が忙しく、十分に介護できなくなった」「医療機関や介護事業者にすすめられた」と続いている(表4-34)。

さらに、施設入居者の今後の生活場所をみると、「現在入所中の施設」が最も高く、つぎが「自宅」となっているが、その希望者は1割程度である(表4-35)。

第4章　高齢化社会における家族と介護

表4－34　現在の施設への入所理由

(単位：人、%)

介護保険施設入所者	総数	身体機能が低下し、生活ができなくなった	認知機能が低下し、生活ができなくなった	介護者に負担をかけたくなかった	介護者がおらず、在宅生活が不安であった	介護者が高齢や病気で、十分に介護できなくなった	介護者が忙しく、十分に介護できなかった	自分の状態に合わず、家が住みにくくなった	医療機関や介護事業者にすすめられた	家族がすすめた	わからない
総　数	8,264	41.1	20.0	9.4	11.0	19.7	13.6	4.1	13.0	15.7	42.7

(注)　複数回答。
(資料)　鹿児島県『高齢者実態調査集計分析報告書』2012年。

表4－35　今後の生活場所

(単位：人、%)

介護保険施設入所者	総数	自宅	高齢者向け公的賃貸住宅	民間のケア付き(賃貸)住宅	グループホーム	有料老人ホーム、経費老人ホームなど	現在入所中の施設	他の施設	その他	無回答
総　数	8,264	13.8	0.2	0.0	1.0	0.8	44.5	3.2	8.8	27.8

(資料)　鹿児島県『高齢者実態調査集計分析報告書』2012年。

これらの結果をみると、鹿児島県の高齢者がたどるライフコースは、要介護状態になると、「施設介護型」をとることを基本にしながら、今日では「在宅介護型」も顕在化しつつあると言えるのではなかろうか。
　山形県と鹿児島県とを比較しなから、家族構造の地域性と介護の問題を考えてきたが、二つの地域は、異なる家族構造を維持・存続しているが、介護問題の顕在化が家族のあり方に変化を与えている側面も否定できない。にもかかわらず、その変化は、「家族構造の変化」ではなく「家族構造内の変化」に留まっているように思われる。そのようにせしめたのは、介護保険の導入であろう。というのは、介護保険の導入は、要介護者をそれぞれの地域における家族構造を維持・存続させる方向に作用したと考えられるからである。[4]
　というのは、山形県では、「同居」理念を基調にしながら「在宅介護サービス」利用に「後ろめたさ」意識の低下をもたらしているし、鹿児島県は「別居介護」とともに、「介護保険サービス」の利用度の高まりが「別居」形態の維持・存続に寄与していると考えられるからである。しかし、居住形態の変化に着目すると、山形県では、「近居」や「条件つき別居」意識も芽生えつつあるし、鹿児島県では、「別居から施設へ」に歯止めがかかりつつあるとも言えよう。
　ともあれ、「国勢調査」、国立社会保障・人口問題研究所の「高齢者の居住状態の将来推計」、山形県と鹿児島県が実施した調査を総合すると、高齢者世帯の家族構造は、ケースⅠとケースⅡでは差異があるが、ケースⅡでは「直系家族制から夫婦家族制へ」と構造的な変化を遂げる方向にある。しかし、これを都道府県別にみると、依然として家族構造には、地域性が存在していることが明らかになった。ところが、介護についてみると、家族構造の地域性を基調にしながら、山形県（「同居地域」）では、「在宅サービス」利用の高まりが、鹿児島県（「別居地域」）では、「別居介護」と「介護保険サービス」の利用への傾斜が顕在化していることも析出された。
　これらの結果をみると、2030年においても日本における高齢者家族の家

族構造と介護は、『山形型』と『鹿児島型』(清水、1980：311-313)を両極にしながら、それぞれの地域の家族構造に適合的な介護システムが存在することになるのではなかろうか。

注
(1) ここで用いる「国勢調査」の世帯の種類と世帯の家族類型を示すと、つぎのようになる(総務省「平成22年国勢調査」用語の解説)。

世帯の種類は、「一般世帯」と「施設等の世帯」に区分している。

「一般世帯」とは「①住居と生計を共にしている人の集まり又は一戸を構えて住んでいる単身者。ただし、これらの世帯と住居を共にする単身の住み込みの雇人については、人数に関係なく雇主の世帯に含めている。②上記の世帯と住居を共にし、別に生計を維持している間借りの単身者又は下宿屋などに下宿している単身者。③会社・団体・商店・官公庁などの寄宿舎、独身寮などに居住している単身者」の世帯であり、「施設等の世帯」には、「寮・寄宿舎の学生・生徒(学校の寮・寄宿舎で起居を共にし、通学している学生・生徒の集まり〈世帯の単位：寮ごと〉)」、「病院・療養所の入院者(病院・療養所などに、既に3か月以上入院している入院患者の集まり〈世帯の単位：棟ごと〉)」、「社会施設の入所者(老人ホーム、児童保護施設などの入所者の集まり〈世帯の単位：棟ごと〉)」、「自衛隊営舎内居住者(自衛隊の営舎内又は艦船内の居住者の集まり〈世帯の単位：中隊又は艦船ごと〉)」、「矯正施設の入居者(刑務所及び拘置所の被収容者並びに少年院及び婦人補導院の在院者の集まり〈世帯の単位：建物ごと〉)」、「その他(定まった住居を持たない単身者や陸上に生活の本拠(住所)を有しない船舶乗組員など〈世帯の単位：一人一人〉)」が含まれる。

世帯の家族類型は、一般世帯をその世帯員の世帯主との続き柄により、「親族のみの世帯」「非親族を含む世帯」「単独世帯」に区分している。

「親族のみの世帯」とは、二人以上の世帯員から成る世帯のうち、世帯主と親族関係にある世帯員のみから成る世帯であるが、「非親族を含む世帯」とは、二人以上の世帯員から成る世帯のうち、世帯主と親族関係にない人がいる世帯であり、「単独世帯」とは、世帯員が一人の世帯を言う。

また、親族のみの世帯については、その親族の中で原則として最も若い世代の夫婦とその他の親族世帯員との関係によって、「Ⅰ核家族世帯」と

「Ⅱ核家族以外の世帯」(「その他の親族世帯」) に区分している。

「Ⅰ核家族世帯」には、(1)「夫婦のみの世帯」、(2)「夫婦と子供から成る世帯」、(3)「男親と子供から成る世帯」、(4)「女親と子供から成る世帯」が含まれる。「Ⅱ核家族以外の世帯」(「その他の親族世帯」) には、(5)「夫婦と両親から成る世帯 (「①夫婦と夫の親から成る世帯」「②夫婦と妻の親から成る世帯」)」、(6)「夫婦とひとり親から成る世帯 (「①夫婦と夫の親から成る世帯」「②夫婦と妻の親から成る世帯」)」、(7)「夫婦、子供と両親から成る世帯 (「①夫婦、子供と夫の親から成る世帯」「②夫婦、子供と妻の親から成る世帯」)」、(8)「夫婦、子供とひとり親から成る世帯 (「①夫婦、子供と夫の親から成る世帯」「②夫婦、子供と妻の親から成る世帯」)」、(9)「夫婦と他の親族 (親、子供を含まない) から成る世帯」、(10)「夫婦、子供と他の親族 (親を含まない) から成る世帯」、(11)「夫婦、親と他の親族 (子供を含まない) から成る世帯 (「夫婦、夫の親と他の親族からなる世帯」)」、(12)「夫婦、子供、親と他の親族から成る世帯 (「①夫婦、子供、夫の親と他の親族から成る世帯」「②夫婦、子供、妻の親と他の親族から成る世帯」)」、(13)「兄弟姉妹のみから成る世帯」、(14)「他に分類されない世帯」が含まれる。

(2) ここでは、つぎのように地域を区分した。「北海道」(北海道)、「東北」(青森、岩手、宮城、秋田、山形、福島の6県)、「北関東 (東京大都市圏周辺地域)」(茨城、栃木、群馬の3県)、「南関東 (「東京大都市圏」)」(埼玉、千葉、東京、神奈川の1都3県)、「北陸」(新潟、富山、石川、福井の4県)、「東山」(山梨、長野の2県)、「東海 (名古屋大都市圏)」(岐阜、静岡、愛知、三重の4県)、「東近畿 (大阪大都市圏周辺地域)」(滋賀、奈良、和歌山の3県)、「西近畿 (大阪大都市圏)」(京都、大阪、兵庫の2府1県)、「中国」(鳥取、島根、岡山、広島、山口の5県)、「四国」(徳島、香川、愛媛、高知の4県)、九州・沖縄 (福岡、佐賀、長崎、熊本、大分、宮崎、鹿児島、沖縄の8県) とし、さらに、「東北日本」(「北海道」「東北」「北関東」「南関東」「北陸」「東山」の6地域)、「西南日本」(「東海」「東近畿」「西近畿」「中国」「四国」「九州」の6地域) と表現する場合もある。

(3) 赤松要は、国民生活の構造を生活実体、生活秩序、生活観念との三階層の構造として把握することを提示している。この三階層について「生活実体は自然的、社会的環境のうちにあるわれわれの現実の生活である。しかし人間が現実に生活をいとなむ場合には、そこに社会制度あるいは生活秩

序がうみだされ、人間の行動はこの秩序によって規制されることになる」（赤松、1956：26）。そしてまた、「この秩序は一定の生活観念のもとに構成されている」（赤松、1956：26）、しかし、「社会は弁証法的になんらかの矛盾を動因として存在し、その発展をつづける。社会に新な意欲がおこるのは何らかの矛盾を契機とするのである」（赤松、1956：27）。したがって、「始発的矛盾につづいておこる相剋的矛盾あるいはそれを地盤とする阻止的矛盾は、新しい動向を阻止し後退させる作用をもつが、その否定は同時に新しい動向をいっそう強化し進展させる可能性をふくんでいる。新動向による矛盾が阻止可能であるばあいには、それは秩序から規制作用によって後退せしめられるであろうが、動向の成長は阻止によって強大となり阻止不能の矛盾を生みだすことがある」（赤松、1956：28-29）。この「阻止不能の矛盾を契機にして成長した新しい動向は、そこに新しい観念を確立せしめ、現実動向と観念動向から迫って古い秩序を改変させ、新しい秩序を作りあげるのである。ひとつの動向がこのようにして阻止不能の矛盾にあるとき、それは本質的動向ということができる」（赤松、1956：29）と述べている。

　　ここでは、赤松の考え方に依拠して「本質的動向」（「阻止不能の矛盾」）を「構造的変化」とし、「相剋的矛盾」の段階、つまり「本質的動向」に向かうのか、それとも「阻止可能」な段階にあり、未だ方向性が定まらない段階にあることを「構造内変化」とした。

　　したがって、「夫婦家族制に基づく直系家族形態」の場合は、相剋的矛盾の段階にあるが、「夫婦家族制に基づく直系家族形態」において家族構成が阻止不能の状況に至ると「夫婦家族制に基づく夫婦家族形態」になる。このようなことを想定し、この家族構造と家族構成が適合的に連関していない状況を「構造内変化」とした。しかし、家族構成が家族構造を変化せしめることも想定しうるが、この点については、他日を期したい。

（4）内閣府が2010年に実施した「介護保険制度に関する調査」を実施した。この調査は、全国20歳以上のものを母集団にして層化2段無作為抽出法によって選定された5,000人を対象にして調査員による面接聴取法によって実施したものである。有効回収数（率）は3,272人（65.4％）であった。

　　この調査は、全国調査である。したがって、山形県と鹿児島県における介護意識を分析しうる調査ではないが、日本全体の動向を把握し、そのなかから介護保険の導入が介護支援システムに与えた影響を垣間見ることに

した。それは、この動向把握が山形県と鹿児島県の介護システムを理解する一助になると考えたからである。

まず、介護を受けたい場所を尋ねた結果をみると、「現在の住まいで介護を受けたい」が、総数で約40％で、「自宅以外」（老人ホーム、介護保険施設、病院等）が約60％となっている。前者の割合を属性でみると、都市規模、「女性」については、ほぼあてはまるが、「男性」、「男性の75歳以上」では、40％を上回っている。とりわけ、「75歳以上」については、50％を超えている。この結果をみると、「75歳以上」（「後期高齢層」）の男性は、「現在の住まいで介護を受けたい」とする割合が比較的高いことになる（参考表1）。

参考表1　自分自身が介護を受けたい場所

(単位：人、％)

属　性	総　数	現在の住まいで介護を受けたい	介護付きの有料老人ホームや高齢者住宅に住み替えて介護を受けたい	特別養護老人ホームや老人保健施設などのの介護保険施設に入所して介護を受けたい	病院に入院して介護を受けたい
総　数	3,272	37.3	18.9	26.3	12.9
〔都市規模〕					
大都市	818	35.0	20.9	24.6	14.5
中都市	1,339	38.4	19.0	25.9	11.9
小都市	767	37.2	18.1	27.5	13.3
町　村	348	39.1	15.2	29.0	11.8
〔性〕					
男　性	1,493	44.7	15.3	22.6	12.7
女　性	1,779	31.1	21.9	29.3	13.0
〔性・年齢〕					
（男性）					
65～74歳	266	47.7	13.9	18.8	16.2
75歳以上	186	51.1	8.6	18.8	15.1
（女性）					
65～74歳	415	34.1	15.5	26.4	19.2
75歳以上	349	40.6	7.0	18.0	23.4

（注）「その他」「一概に言えない」「わからない」は除いた。
（資料）内閣府『介護保険制度に関する世論調査』2010年。

第4章　高齢化社会における家族と介護

　つぎに、「現在の住まいで介護を受けたい」とする理由を尋ねた結果をみると、「現在の住まいで生活を続けたいから」が総数で約80％となっている。これは、属性別にみても、すべての属性で80％前後になっている。ということは、「現在の住まいで生活を続けたいから」「現在の住まいで介護を受けたい」と考えていることを意味しているのではなかろうか（参考表2）。

参考表2　自宅で介護を受けたい理由

（単位：人、％）

属　性	総　数	現在の住まいで生活を続けたいから	施設では自由な生活ができないから	他人との共同生活はしたくないから	施設で他人の世話になるのはいやだから	施設に入るだけの経済的余裕がないから
総　数	1,221	82.8	32.7	29.0	28.6	27.5
〔都市規模〕						
大都市	286	82.4	32.5	31.8	26.6	31.1
中都市	514	82.7	32.3	27.6	31.1	28.0
小都市	285	84.9	34.4	29.8	26.7	24.6
町　村	136	80.1	30.9	26.5	27.2	24.3
〔性〕						
男　性	668	82.2	37.6	30.5	32.9	26.3
女　性	553	83.5	26.8	27.1	23.3	28.9
〔性・年齢〕						
（男性）						
65〜74歳	127	82.7	34.6	29.1	37.8	27.6
75歳以上	95	80.0	31.6	29.5	32.6	29.5
（女性）						
65〜74歳	119	88.2	20.2	22.7	26.1	31.9
75歳以上	104	76.9	23.1	29.8	20.2	15.4

（注）回答率が20％未満の選択肢は除いた。
（資料）内閣府『介護保険制度に関する世論調査』2010年。

参考表3　自宅で受けたい介護形態

（単位：人、％）

属　性	総　数	家族だけで介護されたい	家族の介護を中心に、ホームヘルパーなどの外部の介護も利用したい	ホームヘルパーなどの外部の介護を中心に、家族による介護も受けたい	ホームヘルパーなどの外部の介護だけを受けたい
総　数	1,221	20.2	50.0	23.8	3.5
〔都市規模〕					
大都市	286	20.6	45.5	26.9	5.2
中都市	514	19.1	52.9	22.2	3.5
小都市	285	18.9	50.2	25.3	2.5
町　村	136	26.5	48.5	20.6	2.2
〔性〕					
男　性	668	23.5	51.8	18.7	3.7
女　性	553	16.3	47.9	30.0	3.3
〔性・年齢〕					
（男性）					
65〜74歳	127	22.8	49.6	18.9	3.1
75歳以上	95	33.7	47.4	13.7	2.1
（女性）					
65〜74歳	119	16.8	47.1	30.3	5.0
75歳以上	104	26.9	43.3	22.1	5.8

（注）「その他」「わからない」は除いた。
（資料）内閣府『介護保険制度に関する世論調査』2010年。

　また、自宅で受けたい介護形態としては、「家族の介護を中心に、ホームヘルパーなどの外部の介護も利用したい」が、すべての属性で最も高い割合を示している（参考表3）。

　さらに、介護保険制度の導入による効果について尋ねた結果をみると、総数では「良くなったと思う」が50％を超えている。これを属性別にみると、都市規模では、「大都市」が50％未満であるが、「中都市」「小都市」「町村」とも50％を超えているが、都市規模が小さくなるほど「良くなったと思う」割合が高くなっている。とりわけ「小都市」「農村」では55〜57％水準にあることに着目しておきたい。性でみると、「男性」「女性」とも50％を超えているが、性・年齢でみると、「男性・女性」とも「65〜74歳」

(「前期高齢層」)では、50％を超えているが、「75歳以上」では、「男性・女性」とも50％未満である。この結果をみると、都市規模が小さく、年齢層が低いほど「良くなったと思う」割合が高く、都市規模が大きく、年齢層が高いほど「良くなったと思う」割合が低いことになる(参考表4)。

この結果は、比較的家族介護に依存する確率が高いと考えられる農村や小都市で介護保険の導入が効果を発揮していると考えることもできよう。

参考表4　制度導入の効果

(単位：人、％)

属　性	総　数	良くなったと思う	良くなったとは思わない	どちらともいえない	わからない
総　数	3,272	51.3	28.8	6.8	13.2
〔都市規模〕					
大都市	818	45.4	32.2	6.5	16.0
中都市	1,339	51.0	28.8	6.8	13.4
小都市	767	55.4	26.3	7.4	10.8
町　村	348	57.2	26.1	5.7	10.9
〔性〕					
男　性	1,493	50.6	30.1	5.9	13.4
女　性	1,779	51.8	27.7	7.5	13.0
〔性・年齢〕					
(男性)					
65～74歳	266	50.8	26.7	8.3	14.3
75歳以上	186	47.8	19.9	14.5	17.7
(女性)					
65～74歳	415	51.9	23.2	11.7	13.2
75歳以上	349	44.1	13.7	16.8	25.4

(資料)内閣府『介護保険制度に関する世論調査』2010年。

介護保険の導入がもたらした効果を具体的にみると、総数では「家族の負担が軽くなった」「家族サービスを選択しやすくなった」が50％を超えているし、「家族に介護が必要となった場合でも働き続けることができるようになった」「介護サービスの質が良くなった」「介護が必要となっても現在の住まいで生活が続けられるようになった」「介護サービス業者を選択しやすくなった」が約30％を占めている。

「家族の負担が軽くなった」と「家族サービスを選択しやすくなった」

を属性別にみると、前者の場合、都市規模では、「大都市」「中都市」「小都市」「町村」の順で家族介護負担が軽減してきたことを挙げている。これは、上述した介護保険制度の導入による効果の大小と対応しているが、性・年齢別にみても、この傾向がうかがえる（参考表5）。

後者についても属性別にみると、50％を超えているのは、「大都市」「小都市」、「女性」となっているが、「中都市」「農村」「男性」「男性・女性の65～75歳、75歳以上」では50％未満であるが、「男性・女性の75歳以上」では30％未満である。これは、地域や年齢層に対応した介護サービスのメニューが整備されていないことと関連しているのではなかろうか（参考表5）。

参考表5　制度導入により良くなった点

(単位：人、％)

属性	総数	家族の負担が軽くなった	介護サービスを選択しやすくなった	家族に介護が必要となった場合でも働き続けることができるようになった	介護サービスの質が良くなった	介護が必要となっても現在の住まいで生活が続けられるようになった	介護サービス事業者を選択しやすくなった
総数	1,678	54.8	50.2	33.8	33.4	32.5	32.4
〔都市規模〕							
大都市	371	51.8	52.0	28.8	28.4	32.6	28.6
中都市	683	53.1	49.6	32.2	36.2	30.6	32.2
小都市	425	56.5	50.1	38.4	32.9	34.8	34.4
町村	199	62.8	49.2	39.2	34.2	34.2	36.2
〔性〕							
男性	756	50.7	46.3	30.8	35.6	28.3	31.9
女性	922	58.2	53.5	36.3	31.6	36.0	32.9
〔性・年齢〕							
（男性）							
65～74歳	135	61.5	36.3	23.7	37.8	31.1	26.7
75歳以上	89	57.3	28.1	12.4	43.8	18.0	21.3
（女性）							
65～74歳	181	67.4	40.9	34.3	42.0	37.6	39.2
75歳以上	113	60.2	28.3	14.2	29.2	28.3	21.2

（注）複数回答。
（資料）内閣府『介護保険制度に関する世論調査』2010年。

最後に、介護保険の導入によっても良くならなかった点をみると、総数では「利用料などの経済的負担が減っていない」が50％を超えているが、「家族の負担が軽くなっていない」と「家族に介護が必要となった場合でも働き続けることができるようになっていない」が約40％、「社会的入院が減っていない」「介護サービスを選択しやすくなっていない」「介護サービスの質が良くなっていない」「介護サービス業者を選択しやすくなっていない」が30％前後になっている。

　ここでは、「利用料などの経済的負担が減っていない」と「家族の負担が軽くなっていない」を取り上げ、属性との関連をみることにした。

　まず、「利用料などの経済的な負担が減っていない」についてみると、都市規模、性、「男性の75歳以上」では、50％を超えているが、「男性の65～74歳」「女性の65～74歳」「女性の75歳以上」では、50％未満である。これは、経済的条件の差異が関わっていると考えられる（参考表6）。

　つぎに、「家族の負担が軽くなっていない」をみると、総数割合（44.3％）を超えているのは、「大都市」「中都市」、「女性」であるが、「小都市」「農村」、「男性」、「男性・女性の65～74歳、75歳以上」では、44.3％未満になっている（参考表6）。これは、上述した（参考表5）と対照的な姿を示していることになる。

　安勝熙は、この点に関して、つぎのように分析している。安によれば、「日本における高齢者介護意識は、これまで『家族介護』が中心であるとされてきたが、今日では『家族介護』と『介護の社会化』とが共存することを好ましいとする意識変化が生じてきていると言えよう。それでは、こうした意識変化は、どうして生じたのであろうか。ここでは、その要因を介護保険制度が寄与しているとの考え方に基づいて、介護保険制度に対する評価（効果、良くなった点）について考察した。その結果、『良くなった』と評価するものが5割、『良くなっていない』は約3割であり、『良くなった』と評価している人は、男性女性ともに介護経験がある層で高く、とくに女性のほうで介護経験の有無による差が大きい。制度導入により良くなった点については、『家族の負担軽減』と『介護サービス選択の容易さ』が5割程度を占めており、家族の介護負担軽減については男性より女性で高く、男女ともに介護経験がある層で高いが、女性より男性で介護経験による差が大きい」（安、2012：49）としている。

　安は、ここで用いた調査（「介護保険制度に関する世論調査」2012年）を

介護経験の有無を指標にして分析し、上述したような結論を導き出している。
　ともあれ、この調査結果をみると、介護保険制度の導入は、介護の社会化を促進することを通じて、家族介護負担の軽減に寄与したと言えるのではなかろうか。

参考表6　制度導入により良くなっていない点

（単位：人、％）

属　性	総数	利用料などの経済的な負担が減っていない	家族の負担が軽くなっていない	家族に介護が必要となった場合でも働き続けることができるようになっていない	社会的入院が減っていない	介護サービスを選択しやすくなっていない	介護が必要となっても現在の住まいで生活が続けられるようになっていない	介護サービスの質が良くなっていない	介護サービス業者を選択しやすくなっていない
総　数	942	53.7	44.3	40.4	27.3	23.5	22.9	21.4	17.6
〔都市規模〕									
大都市	263	54.8	46.0	37.3	27.0	25.1	22.1	24.0	17.1
中都市	386	51.8	45.6	42.5	26.7	24.6	20.5	22.5	18.4
小都市	202	52.5	41.6	41.6	28.7	22.3	27.7	16.3	20.8
町　村	91	61.5	39.6	39.6	27.5	16.5	25.9	20.9	8.8
〔性〕									
男　性	449	51.4	41.9	32.7	23.8	20.0	19.8	20.7	18.9
女　性	493	55.8	46.5	47.5	30.4	26.6	25.8	22.1	16.4
〔性・年齢〕									
（男性）									
65〜74歳	71	40.8	40.8	29.6	21.1	18.3	22.5	25.4	21.1
75歳以上	37	59.5	29.7	10.8	18.9	18.9	13.5	29.7	21.6
（女性）									
65〜74歳	81	44.4	39.5	23.5	28.4	19.6	21.0	21.0	12.3
75歳以上	35	37.1	34.3	22.9	31.4	20.0	17.1	34.3	14.3

（注）複数回答。「その他」、「わからない」は除いた。
（資料）内閣府『介護保険制度に関する世論調査』2010年。

第4章　高齢化社会における家族と介護

【引用・参考文献】

赤松要、1956、『経済政策論』青林書院新社

安勝熙、2012、「高齢者介護意識に関する一考察」『社会学論叢』第175号、日本大学社会学会

池尾愛子、2008、『赤松要―わが体系を乗りこえてゆけ―』（評伝・日本の経済思想）日本経済評論社

三井さよ・鈴木智之編著、2012、『ケアのリアリティ―境界を問いなおす―』（現代社会研究叢書6）法政大学出版局

清水浩昭、1980、「人口変動と文化人類学」高橋統一・中村孚美・清水浩昭・大岩碩・森部一・芳賀正明・松本誠一『文化人類学の視角―伝統と現代―』犀書房

―――――、1994、「家族―核家族化と高齢化問題」清水浩昭編著『高齢化と人口問題』財団法人放送大学教育振興会

―――――、2000、「老後生活の地域性―家族構造と介護サービスとの対応をめぐって―」日本民俗学会監修、宮田登・森謙二・網野房子編『老熟の力―豊かな〈老い〉を求めて―』早稲田大学出版部

―――――、2004、「家族構造と介護形態の地域差」『社会学論叢』第149号、日本大学社会学会

―――――、2011、「高齢化社会における居住形態と介護の地域性」『家族関係学』第30号、日本家政学会　家族関係部会

下山昭夫、2000、「高齢者の扶養と介護の社会化」染谷俶子編『老いと家族　変貌する高齢者と家族』ミネルヴァ書房

社団法人全国老人保健施設協会編、2004、『平成16年版　介護白書～5年目を迎えた介護保険制度～』ぎょうせい

――――――――――、2010、『平成22年版　介護白書―介護老人保健施設を取り巻く環境の変化と対応―』オフィスTM

――――――――――、2011、『平成23年版　介護白書―介護老人保健施設が地域ケアの拠点となるために―』オフィスTM

――――――――――、2012、『平成24年版　介護白書―地域ケアの中で"キラリと輝く介護老人保健施設"であるために―』TAC出版

高尾公矢、2000、『高齢者介護支援システムの研究』多賀出版

上野千鶴子、2011、『ケアの社会学―当事者主権の福祉社会へ―』太田出版

終　章　現状と将来

　本書では、まず、序章で課題と方法を述べ、つぎに、序章での問題意識を念頭において今日までに展開されてきた高齢化社会論、日本家族論、介護論に関する研究成果を三つの章に分けて紹介してきた。さらに、これらの研究成果を踏まえて、第4章では、高齢化社会における家族と介護の問題を調査資料と文献資料を用いて分析するという構成で議論してきたが、終章では、序章で提示した解明すべき課題と第4章での分析を通じて明らかになったことを中心にして議論し、結びとしたい。
　序章で述べた解明すべき第1の課題は、「収斂論」的家族論と「拡散論」的家族論のいずれの理論が妥当性を有しているかであった。
　このことについては、2005年、2030年のケースⅠ、ケースⅡともに、家族構造に地域性が存在していることが明らかになった。とすれば、2030年に至っても、日本社会は、単一家族に収斂しないことになる。しかし、2030年におけるケースⅠとケースⅡを比較すると、量的には、大きな変化が現れている（表終－1）。
　この量的な変化を、二つの家族構造の分布でみると、ケースⅠでは、「直系家族制」に基づく家族が2005年の約87％から、約66％に減少するが、ケースⅡでは、2005年の66％から約23％へと著しい減少を示すことになる（表終－1）。
　このような変化は、何が要因で生じているのか。その要因を「変化型」のパターンでみると、ケースⅠでは、「直系家族制規範の規定力が強く二世代同居の拡大家族形態をとるタイプ」から「直系家族制規範の優位性が維持されているが独立核家族形態をとるタイプ」への移行が約62％で最も多く、つぎが「直系家族制規範の規定力が強く二世代同居の拡大家族形態

表終－1 ケース別にみた家族構造と家族構成の変化（2005〜2030年）

ケースⅠ (2005年)		ケースⅠ (2030年)		ケースⅡ (2005年)		ケースⅡ (2030年)	
家族類型	都道府県	家族類型	都道府県	家族類型	都道府県	家族類型	都道府県
総数	47	総数	47	総数	47	総数	47
（Ⅰ）	85.1	（Ⅰ）	4.3	（Ⅰ）	66.0	（Ⅰ）	2.1
（Ⅱ）	2.1	（Ⅱ）	61.7	（Ⅱ）	—	（Ⅱ）	21.3
（Ⅲ）	4.3	（Ⅲ）	—	（Ⅲ）	23.4	（Ⅲ）	2.1
（Ⅳ）	8.5	（Ⅳ）	34.0	（Ⅳ）	10.6	（Ⅳ）	74.5

(注) （Ⅰ）「直系家族制規範の規定力が強く二世代同居の拡大家族形態をとるタイプ」、
（Ⅱ）「直系家族制規範の優位性が維持されているが独立核家族形態をとるタイプ」、
（Ⅲ）「夫婦家族制の優位性が維持されているが二世代同居の拡大家族形態をとるタイプ」、（Ⅳ）「夫婦家族制の規定力が強く独立核家族形態をとるタイプ」

をとるタイプ」から「夫婦家族制の規定力が強く独立核家族形態をとるタイプ」へが約21％、「夫婦家族制の優位性が維持されているが二世代同居の拡大家族形態をとるタイプ」へが約4％になる。これを、ケースⅡでみると、「直系家族制規範の規定力が強く二世代同居の拡大家族形態をとるタイプ」から「夫婦家族制規範の規定力が強く独立核家族形態をとるタイプ」への移行が約45％で最も高く、つぎが「夫婦家族制規範の優位性が維持されているが二世代同居の拡大家族形態をとるタイプ」から「夫婦家族制の規定力が強く独立核家族形態をとるタイプ」への移行が約23％、「直系家族制の規定力が強く二世代同居の拡大家族形態をとるタイプ」から「直系家族制規範の優位性が維持されているが独立核家族形態をとるタイプ」への移行が約20％となっている。この結果をみると、ケースⅠの変化は、「直系家族制」内の「構造内変化」であるが、ケースⅡでは、「直系家族制」から「夫婦家族制」への変化と、「夫婦家族制」内の「構造内変化」になる。

　これは、ケースⅠでは、家族が構造的に変化することにはならないが、ケースⅡでは、家族が構造的に変化する割合が高くなることを意味している。これらの結果をみると、2030年になると、ケースⅡでは、「直系家族

終　章　現状と将来

表終-2　ケース別にみた家族構造と家族構成の変化型（2005～2030年）

	ケースⅠ			ケースⅡ	
	変化の型	都道府県		変化の型	都道府県
	総　数	47		総　数	47
不　変	（Ⅰ）の維持・存続 （Ⅳ）の維持・存続	4.3 8.5	不　変	（Ⅰ）の維持・存続 （Ⅳ）の維持・存続	2.1 10.6
変　化	（Ⅰ）から（Ⅱ）へ （Ⅰ）から（Ⅳ）へ （Ⅲ）から（Ⅳ）へ	61.7 21.3 4.3	変　化	（Ⅰ）から（Ⅱ）へ （Ⅰ）から（Ⅳ）へ （Ⅲ）から（Ⅳ）へ	19.1 44.7 23.4

制」と「夫婦家族制」が共存しているが、「夫婦家族制」が占める地域の割合が増大することになる（表終-2）。

　これを図示すると、つぎのようになる（図終-1、図終-2、図終-3）。

　ともあれ、これらの結果をみると、2005年時点ではケースⅠ、ケースⅡともに、「直系家族制」地域が多数を占めていたが、2030年になると、ケースⅠでは依然として「直系家族制」地域が過半数を超えているが、ケースⅡでみると、「夫婦家族制」が多数派に転ずることになる。このことは、変化型にも反映し、ケースⅡでは、「夫婦家族制」へと変化する地域が多数を占めることになる。

図終-1　家族構造と家族構成の共存型

直系家族制の規範の規定力が強く二世代同居の拡大家族形態をとるタイプ
共　存
夫婦家族制規範の規定力が強く独立核家族形態をとるタイプ

図終-2 家族構造と家族構成の変化型(移行パターン・ケースⅠ)

```
┌─────────────────────────────────────────────────────┐
│  ┌──────────────────────┐                            │
│  │直系家族制の規範の規定力が強│    移行    ┌──────────┐│
│  │く二世代同居の拡大家族形態を│ ─────→   │夫婦家族制規範の規││
│  │とるタイプ              │            │定力が強く独立核家││
│  └──────────────────────┘            │族形態をとるタイプ││
│      移行↓                             │          ││
│  ┌────────┐ ┌────────┐   移行      │          ││
│  │直系家族制規│ │夫婦家族制の│ ─────→   │          ││
│  │範の優位性が│ │規範の規定力│            │          ││
│  │維持されてい│ │が強く二世代│            │          ││
│  │るが独立核家│ │同居の拡大家│            │          ││
│  │族形態をとる│ │族形態をとる│            │          ││
│  │タイプ      │ │タイプ      │            └──────────┘│
│  └────────┘ └────────┘                        │
└─────────────────────────────────────────────────────┘
```

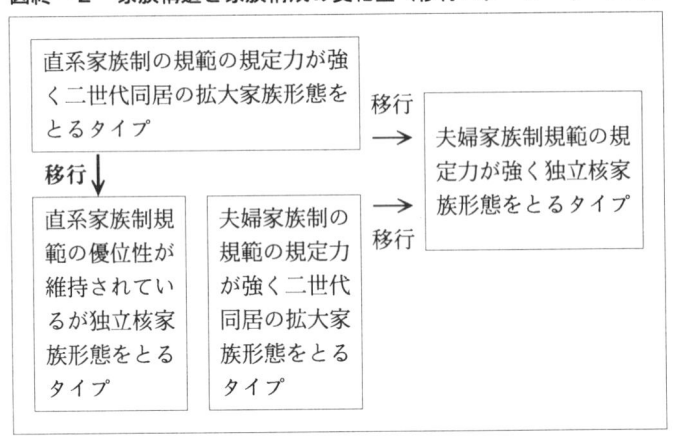

図終-3 家族構造と家族構成の変化型(移行パターン・ケースⅡ)

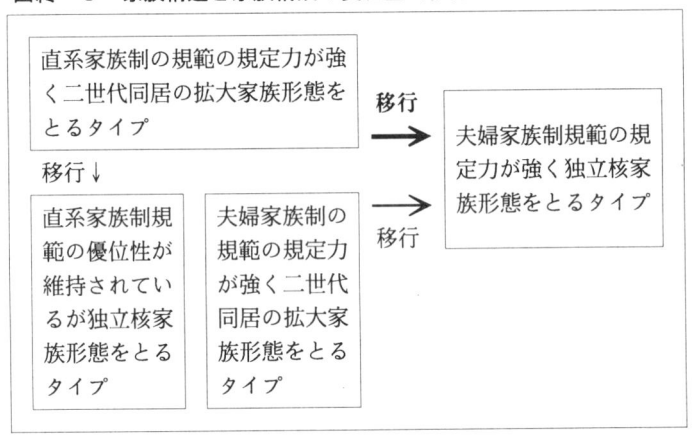

```
┌─────────────────────────────────────────────────────┐
│  ┌──────────────────────┐                            │
│  │直系家族制の規範の規定力が強│    移行                │
│  │く二世代同居の拡大家族形態を│ ─────→   ┌──────────┐│
│  │とるタイプ              │            │夫婦家族制規範の規││
│  └──────────────────────┘            │定力が強く独立核家││
│      移行↓                             │族形態をとるタイプ││
│  ┌────────┐ ┌────────┐   移行      │          ││
│  │直系家族制規│ │夫婦家族制の│ ─────→   │          ││
│  │範の優位性が│ │規範の規定力│            │          ││
│  │維持されてい│ │が強く二世代│            │          ││
│  │るが独立核家│ │同居の拡大家│            │          ││
│  │族形態をとる│ │族形態をとる│            │          ││
│  │タイプ      │ │タイプ      │            └──────────┘│
│  └────────┘ └────────┘                        │
└─────────────────────────────────────────────────────┘
```

とすれば、家族の構造的変化は、ケースⅠについては「拡散論」で説明できるが、ケースⅡに関しては「収斂論」で理解可能になる。しかし、日本家族の構造を地域的な視点でみると、量的には「直系家族制」地域が少数派になるが、「直系家族制」と「夫婦家族制」地域が共存することになる。

終　章　現状と将来

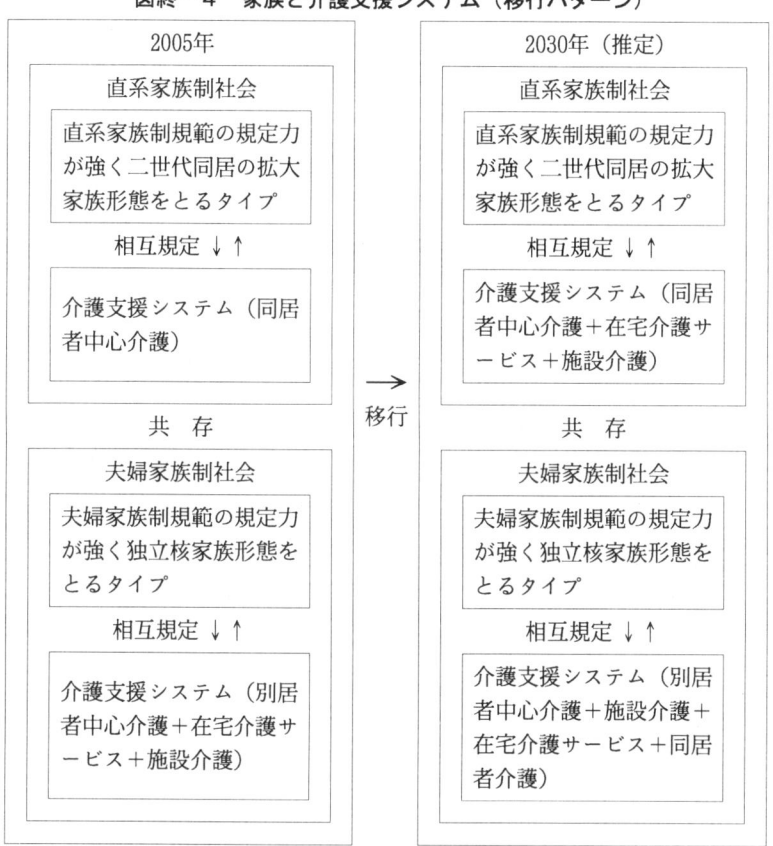

図終－4　家族と介護支援システム（移行パターン）

```
┌─────────────────────┐          ┌─────────────────────┐
│      2005年         │          │    2030年（推定）    │
│ ┌─────────────────┐ │          │ ┌─────────────────┐ │
│ │  直系家族制社会  │ │          │ │  直系家族制社会  │ │
│ │ ┌─────────────┐ │ │          │ │ ┌─────────────┐ │ │
│ │ │直系家族制規範│ │ │          │ │ │直系家族制規範│ │ │
│ │ │の規定力が強く│ │ │          │ │ │の規定力が強く│ │ │
│ │ │二世代同居の拡│ │ │          │ │ │二世代同居の拡│ │ │
│ │ │大家族形態をと│ │ │          │ │ │大家族形態をと│ │ │
│ │ │るタイプ     │ │ │          │ │ │るタイプ     │ │ │
│ │ └─────────────┘ │ │          │ │ └─────────────┘ │ │
│ │   相互規定 ↓↑   │ │          │ │   相互規定 ↓↑   │ │
│ │ ┌─────────────┐ │ │          │ │ ┌─────────────┐ │ │
│ │ │介護支援システ│ │ │          │ │ │介護支援システム│ │
│ │ │ム（同居者中心│ │ │  移行    │ │ │（同居者中心介│ │ │
│ │ │介護）       │ │ │  →      │ │ │護＋在宅介護サ│ │ │
│ │ └─────────────┘ │ │          │ │ │ービス＋施設介│ │ │
│ │                 │ │          │ │ │護）         │ │ │
│ │      共　存     │ │          │ │ └─────────────┘ │ │
│ │  夫婦家族制社会  │ │          │ │      共　存     │ │
│ │ ┌─────────────┐ │ │          │ │  夫婦家族制社会  │ │
│ │ │夫婦家族制規範│ │ │          │ │ ┌─────────────┐ │ │
│ │ │の規定力が強く│ │ │          │ │ │夫婦家族制規範│ │ │
│ │ │独立核家族形態│ │ │          │ │ │の規定力が強く│ │ │
│ │ │をとるタイプ  │ │ │          │ │ │独立核家族形態│ │ │
│ │ └─────────────┘ │ │          │ │ │をとるタイプ  │ │ │
│ │   相互規定 ↓↑   │ │          │ │ └─────────────┘ │ │
│ │ ┌─────────────┐ │ │          │ │   相互規定 ↓↑   │ │
│ │ │介護支援システ│ │ │          │ │ ┌─────────────┐ │ │
│ │ │ム（別居者中心│ │ │          │ │ │介護支援システム│ │
│ │ │介護＋在宅介護│ │ │          │ │ │（別居者中心介│ │ │
│ │ │サービス＋施設│ │ │          │ │ │護＋施設介護＋│ │ │
│ │ │介護）       │ │ │          │ │ │在宅介護サービ│ │ │
│ │ └─────────────┘ │ │          │ │ │ス＋同居者介護）│ │
│ └─────────────────┘ │          │ │ └─────────────┘ │ │
└─────────────────────┘          └─────────────────────┘
```

　つぎに、第2の課題である家族と介護支援システムとの対応関係は、どのように変化するかを検討することにしたい。山形県（「直系家族制」地域）と鹿児島県（「夫婦家族制」地域）で実施された調査結果でみると、山形県では、「同居者中心介護」から「同居者中心介護」＋「在宅介護サービス」＋「施設介護」への変化が、鹿児島県は、「別居者介護中心」＋「在宅介護サービス」＋「施設介護」から「別居者中心介護」＋「施設介護」＋「在宅介護サービス」＋「同居者介護」へと変化することが想定できる（図終－4）。

　これらの結果を概括すると、序章で提示したことは、大幅な修正をしな

けらばならない。このようなことに至ったのは、介護保険制度が、家族構造に対応しながら影響を与えていることによる。

いずれにせよ、日本の家族構造の地域性は、2030年においても存在すると考えられるが、その分布状況をみると、「夫婦家族制」地域が「直系家族制」地域を上回ることも想定しておかなければならない。とすれば、それに対応した介護支援システムの構築も考慮する必要がある。本書で用いた調査資料を分析した結果、以上のようなことが明らかになった。

最後に、本研究の今後の課題について述べておきたい。それは、都道府県別に家族と介護支援システムの地域性に関する調査研究が十分になされていない現状に鑑み、本書では、特定地域の調査に依拠して議論を展開せざるを得なかった。このことは、本研究での欠陥である。そこで、ここで想定した家族と介護支援システムの地域性が、今後、どのような変化を遂げるのか、その変化を促す条件は何かを検討したいと考えているが、幸いなことに、ここで想定したのは2030年である。

ということは、私自身が、この想定の妥当性を検証しながら、修正作業を実施することができる立場にある。この有利さと限界（私の寿命）を踏まえながら、自らに課した課題を検証していきたいと考えている。

あとがき　研究生活を支えてきたもの

　私は、1969年に厚生省人口問題研究所（現国立社会保障・人口問題研究所）に採用された。24歳のときであった。その私が今、古稀を迎えようとしている。24歳を研究者生活のはじまりとすれば、45年間、研究者としての人生を歩んできたことになる。

　顧みると、23年間勤務した人口問題研究所は、私を様々な意味で鍛えてくれた。その鍛え方を列挙すると、着任早々、同僚から「失礼な言い方をするけど、君のような者が、よくここに就職できたね」と言われたし、30歳の頃、早稲田大学理工学部の非常勤講師（「人口と家族からみた日本文化論」担当）に決まったとき、ある科長が「清水君は、早稲田大学の非常勤、良く引き受けたもんだね（その裏には、あのような「能なし」がという評価があったのだろう）。泣いて帰ってくるんじゃない（1、2回の講義しかもたないじゃないと言いたかったのだろう）」と、私のことを罵倒していたことも、あとで耳にした。そこで、私は、「意地」で5年間の非常勤講師を務めあげた。

　さらに、人口問題研究所の研究報告（毎週水曜日の午後に実施されていた）で家族・親族と人口移動との関係に関する報告をした際に、ある同僚から「家族の研究は、中世における下駄の変遷に関する研究に等しい（要するに何の役にも立たないという意味）もので、研究するに値しない」、なぜなら「家族を研究したところで、日本資本主義の構造はわからないし、ましてや世界資本主義の構造はわからない」、このような現代社会の基本構造を解明することにつながらないものは、「知るに値しない」というものであったが、その語気は、激しかった。私は、この批判に答えられなかった。涙をこらえるのに精一杯だったし、二度と立ち上がれないほどの衝撃であった（拙稿、2005、「巻頭エッセイ　家族研究の意義をめぐって」『家族社会学研究』

第17巻第1号、日本家族社会学会)。

　しかし、このような事に遭遇することを通じて、「研究者になる」ということが、如何に難しいことであるかも思い知らされたし、自分自身の「甘さ」にも気づかされた。

　そこで、黒田俊夫先生（当時の人口移動部長）に相談に行った。その時、黒田先生は「清水君、ここは人口問題研究所だ。君に支払われている給与は、人口について研究しているから与えられているのだ。このことは忘れないように。しかし、君が今までやってきた家族の研究は、捨てるな」ということであった。それまで、人口学の研究書を読んできたが、なかなか読みこなせない状況にあったので、「部長！　部長が現在進めている研究をお手伝いさせてください」と申し上げた。そこで、部長から頂いた仕事が、全国約3,300市町村の自然増加率の計算であった。この仕事は、本書で紹介したように「過疎地域では、若年層を中核とする人口流出が人口の自然増加率をマイナス化させるとともに、人口高齢化を促進する」という黒田理論である。私は、この理論の形成過程を身近で学ぶことができたのであるが、私は、その後、この黒田理論と高齢者家族の核家族世帯化を地域性と連動できると考えるようになった。これが、本書で示したものである。

　ところが、このときも同僚から「君は、大学院を出ているんだろう。君のやっている計算業務は、研究補助員がやるものだよ。君は、私達研究員の地位を引き下げようとするのか」とのお叱りを受けた。しかし、この黒田先生の仕事を手伝うことで、人の育て方も学んだ。それは、岡崎陽一先生が中心となって進められた研究会に私も参加させていただくことになったときのことである。ある先生が、岡崎先生に、黒田先生の例の研究について質問された。当然、岡崎先生は、すべて答えることができたのであるが、その質問を私に答えるようにし向けた。「清水君、あの黒田先生のことだけど。あれ、どういうことだっけ」という趣旨の問いを私に向けてきた。その時、私は「人を育てるというのは、このようなやり方をするのだ

あとがき　研究生活を支えてきたもの

と感じた」。要するに、岡崎先生は、自分で答えないで、私に答えさせ、私が答えに窮したら、先生が答えるということであったと推察している。こうすることによって「清水なる存在を初対面の先生に紹介する、認知させる」。もし、私が答えられなければ、「自らの研究力の低さを自覚化させる」という育て方だと実感した。

　このような良いこともあったが、人口問題研究所に勤務して5年目頃までは、退職することばかり考えていた。「この職場は、私の能力では、無理！」。だが、辞められなかった、それは、恩師の存在である。ここで辞めたら「祖父江孝男先生と小山隆先生の弟子は、あんなに意気地なしなのか」と言われるのが、恐かったからである。結局、私の「気の弱さ」（恩師の顔に泥を塗ることになるのではないかという危惧）が、退職を踏み留まらせたのである。しかし、現時点で考えると、辞めないで良かったと思っている。それは、その後、どのような職業に就いたとしても「苦しさから逃げた」（あのとき、何故「耐えられなかった」のだろう）という思いが、生涯つきまとったように思えてならないからである。

　辞めないと決意した以上、研究に励まなければならない、そこで、はじめたのが家族研究者と人口研究者の研究成果を問題意識との関連で取り纏める作業である。私は、その際に、日本資本主義と家族研究との関係、マルクス主義における社会の発展法則と家族の発展法則との関連、とりわけ、資本主義の発展法則と民族文化の多様性との関連に重点をおいて文献の乱読を行った（これは、研究報告会での批判に対する「挑戦」であったと言えるかもしれない）。これは、本書でいうと序章、第1章、第2章、第3章に反映されている。

　私は、これまでフィールド・ワーカーとして生きてきた。したがって、「国勢調査」、そのものの存在は知っていたが、この資料を用いて分析した経験はなかった。その時、人口移動部移動科の伊藤達也氏が「清水さん、後ろの書棚をみてください。清水さんが欲しがっている宝の山（「国勢調査」のこと）がありますよ。清水さんは、それに気がついていないんじゃない

の」と言われた（私は、人口移動部分布科に配属されたので、都道府県別「国勢調査」がすべて揃っていた）。伊藤氏は「フィールド・ワークもいいけれども、ある地域を調査したいのならば、日本全体の中で、その地域が、どのような位置にあるかを、国勢調査を用いて分析し、そこから調査地域を選定する作業を行うのが研究の出発点ではないの」と言いたかったのであろう。私は、この伊藤氏の忠告にしたがって、彼の指導を仰ぎつつ、その後「国勢調査」を用いて、日本家族の地域性分析を試みた。そこで、伊藤氏が、ある時、私に「清水さんは、国勢調査について、ほとんど何も知らなかったのに、今や、国勢調査でものを言うようになったね。時代は、変わった。しかし、清水さんは、打ちのめされて、転ばされても、ただで起きない人だね。ほんと、しぶといよ」と言われた。このことが、第4章を生みだしたことになる。しかし、「清水さん、まだ、この程度の分析しかできないの、僕が今少し長生きして、清水さんを、もっと指導すれば、良かったかな」という彼の声が天国から聞こえてきそうである。

いずれにせよ、私が研究者として産声をあげたころに、人口問題研究所の方々は、叱咤激励を通じて「学問研究の技法と心構え」を私に伝授してくださった。今、冷静に考えると、何と素晴らしい研究者に取り囲まれていたのだろうと思っているし、あのとき、あの方々から厳しい「試練」を受ける機会がなかったら、「胆力」はつかなかったし、45年間の研究生活を持続することはできなかったのではなかろうか。その意味では、感謝しているし、感謝しなければならない。

その後、流通経済大学、日本大学に勤務することになったが、私の講義・演習に対する院生・学生諸君の「厳しさ」と「優しさ」がなければ、研究と教育を両立させることは、できなかった。このことにも感謝したい。本書は、このような生活史から生まれたものである。

最後に、本書の序章、第1章、第2章、第3章の記述方法に触れておきたい。これらの章は、すべて（かなりの部分）研究成果の引用で構成されている。これは、研究成果も調査資料同様、分析のための証拠資料（言える論

あとがき　研究生活を支えてきたもの

拠を示す）としたいと考えたからである。そのためには、私の解釈ではない「本文」そのものを掲げておくことが望ましいのではないかと考えた。というのは、「本文」そのものを示しておけば、私が誤読している部分があれば、これを修正・批判することが可能になってくる。私は、このような方法が、学問研究の発展にとって、健康な姿であると考えている。

　ともあれ、本書は、このような「恩義」と「意地」、さらに、人の意見を受け入れる、この私の「素直さ」（？）を基盤にして書きあげたものである。本書には、このような「思い」が、その背後にあることを念頭において、もう一度読み返してくださることを願っている。

　　　　　　　　　　　　　　　　　　　　　　　　清水　浩昭

索　引

(事項)

〈い〉

『家』的家族（『家』制度依存家族）　86
「異質論」　75, 91, 99, 106
一貫同居志向　137
一貫別居志向　138
隠居（世代別＝別居制）　64
隠居複世帯制家族の準『家』的家族（過渡的中間形態）　86

〈う〉

運動法則　23～24

〈お〉

親移住型同居　136～137, 168

〈か〉

介護・援助の互酬性（黒田俊夫）　150
介護支援システム　13, 16～17, 33, 150, 215～216
介護保険　123～124, 134, 192, 198, 201, 205, 207
介護保険制度の改正（2005年）　126
介護保険制度の改正（2008年）　129

介護保険制度の改正（2011年）　129, 131
介護保険制度の課題　132
介護保険制度の成立　20, 123
介護保険制度への提言　133
「拡散論」の家族論　17, 211
核心型（縮小指向型）　82～83, 88～89, 106
拡大型（拡大指向型）　82～83, 88～89, 108
『鹿児島型』（『鹿児島的（家族）形態』）　63～64, 107, 199
家族（概念）　71
家族形成習慣体系　73～74
家族構成（概念）　71～72, 109～110
家族構造（概念）　71～77, 109～110
家族と介護支援システム　215～216
家族の構造的変化　75, 93, 164, 172, 214
家族の構造内変化（概念）　174, 201
家父長制家族　98～99
家父長制の未成熟な家族　98～99
価値理念　27
完全同居型　137

223

〈き〉

居住形態（概念） 136
居住形態と老親扶養との関係（森岡清美） 13, 147～148

〈け〉

ケア（概念） 154～155
経済的扶養（援助） 13, 143, 146～148, 152～153
ケースⅠ 168, 172～173, 180～181, 194, 198, 211～214
ケースⅡ 168～169, 186, 198, 211～214

〈こ〉

子移住型同居 136～137, 168
後期老年層 160
高齢化社会 37, 39, 42, 58, 159, 161
高齢化戦略 43～44
高齢化の後発国 159
高齢化の先発国 159
高齢化問題の構造 10
高齢社会 37～39, 58～59
高齢者の欲求構造と扶養 146
国民総体の幸福 11, 26
五段階発展説 24

〈さ〉

在宅三本柱 30

三角形援助論 14, 148～149
散居（遠居） 138～139

〈し〉

自発的別居 138
社会経済史的解釈 28
社会構造（概念） 73
修正拡大家族 140～141
「収斂論」的家族論 17, 211
主観的家族論 109
種族史的解釈 28
種族文化複合 79～80
準同居 136～139, 143
序列法則 23～24
生涯型同居 137
条件つき同居志向 137
条件つき別居志向 138
情緒的扶養（援助） 13, 146～148, 153
小伝統 50, 61
人口移動 12, 21, 45～53, 55～57, 61～62, 171, 217
人口移動転換論 50, 52
人口高齢化 10, 42～43, 45, 50, 53, 57～58, 60～62, 135, 153, 160～161, 163～164, 170～172, 218
親交別居 143
人生80年型社会 9, 59～60
身辺介護 13～14, 146～148, 153

索 引

〈せ〉

西南（日本）型家族　13〜14, 90, 109, 145

世界史の基本法則　24

前期老年層　159〜160

選択的別居　138

〈た〉

第1の人口転換　38

大伝統　50, 61

第2の人口転換　38

単世帯制　81

〈ち〉

地域性　10〜11, 13〜14, 16, 20, 22, 28〜29, 57, 61, 79, 81, 84, 87, 90, 102, 107〜109, 115, 148, 159, 170, 172, 175〜176, 180, 185〜188, 198, 211, 216, 226

直系家族（概念）　72〜74

直系家族制（概念）　72, 73, 75, 166

直系型（現状維持型）　82〜83, 88〜89

長寿社会　59〜60

〈と〉

同居　53〜55, 72, 74, 79, 82〜83, 85, 88〜89, 97, 100, 106, 108, 115, 136〜138, 141〜148, 151〜152, 166〜168, 172, 176〜177, 184, 186, 188, 192, 194, 196, 198

「同質論」Ⅰ　75

「同質論」Ⅱ　75, 79

東北（日本）型家族　13, 90, 108

〈な〉

南方型（家族）　89〜90

〈に〉

西日本型（家族）　89〜90, 108

日本資本主義論争　27

〈は〉

晩年型同居　137

〈ひ〉

非『家』的家族（『家』制度逸脱家族）　86

東日本型（家族）　89〜90, 108, 145

非自発的別居　138

〈ふ〉

夫婦家族（概念）　72

夫婦家族制（概念）　72, 166

複合家族（概念）　72

複合家族制（概念）　72〜73

複世帯制　81

分居（近居）　138〜139

〈へ〉

別居　17, 53, 63, 72, 74, 100, 107, 109, 136〜139, 141, 143〜147, 166〜169, 177〜178, 184〜186, 188, 192, 194, 196, 198

「変質論」Ⅰ　75, 85, 92, 113, 115

「変質論」Ⅱ　75〜76, 98

〈ほ〉

方言漢字　29

北海道型（家族）　89〜90

〈み〉

光吉利之の家族構造と家族構成の四類型　172〜173

〈や〉

『山形型』（『山形的（家族）形態』）　63〜64, 108, 199

〈よ〉

「呼び寄せ老人」　53

〈り〉

隣居　13, 138, 144

〈ろ〉

老親扶養形態　13

（人名）

〈あ〉

赤松要　200〜201, 209

新睦人　21〜22, 33

鮎沢光明　107, 115

有賀喜左衛門　35, 75, 77〜78, 105, 115

有田富美子　107, 120

安勝熙　207, 209

〈い〉

家坂和之　26, 33

石田安宏　60

石田英一郎　25, 33〜34, 110, 116〜117

石毛鍈子　153〜155

泉靖一　15, 34, 112

伊藤達也　219〜220

稲葉昭英　3, 15, 36, 120

岩本通弥　13, 101〜104, 109, 116

岩本光雄　33

〈う〉

上田耕三　60

上野千鶴子　153〜154, 157, 209

上原専禄　23, 36

宇佐美繁　76, 89〜90, 121

臼井恒夫　153, 157

索　引

内野澄子　48, 53, 70

〈え〉

江上波夫　110, 116
江見康一　58〜59, 65
江守五夫　15, 33, 76, 98〜99, 115
遠藤惣一　73, 117

〈お〉

大友篤　13, 53, 65, 68, 76, 87, 118
大林太良　15, 27, 28, 35, 116
大間知篤三　13, 15, 35, 76, 81, 90, 112, 118
大道安次郎　60, 64
大宮五郎　60
大給近達　34, 112
岡正雄　15, 35〜36, 76, 79〜81, 83, 105, 110〜112, 116, 118, 121
岡崎陽一　13, 37〜39, 48, 58〜59, 67〜68, 76, 87〜88, 118〜119, 137, 139, 156, 218〜219
岡村益　13〜14, 135, 144〜145, 156
沖藤典子　133〜135, 156

〈か〉

加藤彰彦　3〜4, 34, 97, 113〜114, 116
上子武次　71〜74, 77, 116, 156
蒲生正男　13〜15, 22〜23, 33〜34, 68, 72〜73, 76, 82〜83, 88〜89, 100, 102, 104〜106, 112, 115〜116

〈き〉

喜多野清一　35, 75, 94〜95, 100, 105, 116
木戸功　109, 116
鬼頭宏　91, 115

〈く〉

熊谷文枝　103, 117, 120
黒住章　60
黒田俊夫　12, 20, 37, 39〜52, 55〜57, 60〜62, 66〜67, 75〜77, 116, 136, 150〜152, 155〜156, 218

〈こ〉

小谷汪之　23〜26, 34
小山隆　12, 95, 116, 119, 219

〈さ〉

斉藤修　106, 113, 118
相良景行　4
佐々木信夫　10〜11, 35
笹原宏之　29〜30, 35
佐藤秀紀　107〜108, 118
佐藤信人　124〜125, 156

〈し〉

施利平　3〜4, 115, 118
嶋﨑尚子　3, 15, 36, 120

清水浩昭　4, 10, 20, 26, 32, 35, 40, 57, 62, 64〜65, 68〜69, 100〜101, 106〜107, 113〜115, 118〜120, 137, 139, 156, 164, 199, 209, 217〜221
清水昌人　53〜54, 69

〈す〉
鈴木透　4
鈴木栄太郎　93, 120
住谷一彦　22〜23, 27, 35, 100, 112

〈せ〉
関敬吾　13, 35, 76, 79, 118

〈そ〉
祖父江孝男　28〜29, 35, 219

〈た〉
太鼓地武　108, 121
高橋紘一　31〜32
高橋統一　36, 65, 68, 112, 118, 209
高山憲之　107, 120
武井正臣　13, 76, 83〜84, 121
竹田旦　13, 33, 76, 90, 118, 120
舘稔　12, 46, 60, 66
田原裕子　15, 33, 53, 55, 65, 70
田淵六郎　107, 120

〈つ〉
土田英雄　76, 86, 117, 121

〈て〉
寺尾琢磨　60

〈と〉
戸田貞三　71, 75, 92〜93, 95, 119〜121
友枝敏雄　26, 36
友部謙一　91, 115

〈な〉
内藤完爾　76, 84〜85, 117
中込睦子　101, 117
中里英樹　107, 114〜115, 118, 120
中嶋和夫　107〜108, 118
中田実　73, 117
中根千枝　16, 34, 75, 77, 117
那須宗一　13, 34, 42, 59, 65, 135, 139〜142, 144〜145, 156〜157

〈に〉
西岡八郎　107, 118

〈は〉
芳賀正明　60〜61, 65, 68, 209
蓮見音彦　22〜23, 33
速水融　13, 15, 33, 91, 112, 115, 118
原尻英樹　104, 106, 116
原田尚　75, 78〜79, 116

索　引

〈ひ〉

平井誠　53〜55, 65
平岡公一　100〜101, 115

〈ふ〉

福田アジオ　101〜102, 104, 117
福武直　15, 28〜29, 33, 117, 118
舟岡史雄　107, 115
古瀬徹　60, 65

〈ま〉

前田拓也　153〜156
政岡伸洋　13, 102〜104, 109, 117
増田光吉　116, 137, 156
マックス・ヴェーバー　27

〈み〉

三浦文夫　9, 34, 59〜60, 67, 73, 119, 121, 135, 139, 156〜157
光吉利之　13, 17, 72〜73, 76, 85, 99〜100, 117, 172〜175, 182〜183
皆川勇一　48
宮本常一　15, 34, 76, 86〜87, 90, 117

〈も〉

森岡清美　12〜14, 34, 59, 71〜72, 75, 95〜98, 109〜110, 114〜115, 117, 119, 135, 139, 145〜148, 156

〈や〉

八木透　13, 103〜104, 106, 109, 121
柳田國男　11, 21, 26, 36, 82, 112
八幡一郎　110, 116
山井和則　14, 36, 135, 148〜150, 157
山口昌男　25〜26, 36

〈ゆ〉

湯沢雍彦　13, 65, 70, 135〜137, 141〜142, 144〜145, 156〜157

〈よ〉

ヨーゼフ・クライナー　14, 35〜36, 69, 120〜121
吉田秀夫　73, 121, 137, 139, 157

〈れ〉

レッドフィールド　50, 61

〈わ〉

渡辺秀樹　3, 15, 36, 120

著者略歴

清水浩昭（しみず・ひろあき）

1943年東京都目黒区生まれ。1966年明治大学政経学部政治学科卒業。1972年東洋大学大学院社会学研究科社会学専攻博士課程満期退学。社会学博士。専門は家族社会学・老年社会学・人口学。1987年厚生省人口問題研究所人口動向研究部長、1992年流通経済大学社会学部教授、放送大学客員教授、財団法人長寿社会開発センター研究情報部長、日本大学文理学部教授を経て、現在日本大学文理学部非常勤講師、一般社団法人新情報センター理事、一般財団法人長寿社会開発センター評議員。
著書に『人口と家族の社会学』（犀書房）、『高齢化社会と家族構造の地域性』（時潮社）、編著（共編著）に『日本人口論＝高齢化と人口問題』（放送大学教育振興会）、『家族社会学の分析視角』（ミネルヴァ書房）、『変貌する東アジアの家族』（早稲田大学出版部）、『家族革命』（弘文堂）、『家族社会学へのいざない』（岩田書院）、共著に『日本の家族と地域性（上）』（ミネルヴァ書房）、『家族社会学入門』（文化書房博文社）、『地域性からみた日本』（新曜社）、『老いと家族』（ミネルヴァ書房）、『老熟の力』（早稲田大学出版部）、編・解説書に『岡崎文規著作選集　人口と家族　全6巻』（クレス出版）、『黒田俊夫著作選集　人口と社会　全8巻』（クレス出版）などがある。

高齢化社会日本の家族と介護
―― 地域性からの接近 ――

2013年8月31日　第1版第1刷	定　価＝3200円＋税
2014年8月25日　第1版第2刷	

著　者　清　水　浩　昭　©
発行人　相　良　景　行
発行所　㈲　時　潮　社

〒174-0063　東京都板橋区前野町 4-62-15
電　話　03-5915-9046
ＦＡＸ　03-5970-4030
郵便振替　00190-7-741179　時潮社
ＵＲＬ　http://www.jichosha.jp

印刷・相良整版印刷　製本・仲佐製本

乱丁本・落丁本はお取り替えします。
ISBN978-4-7888-0690-0

時潮社の本

地域物流とグローバル化の諸相
吉岡秀輝　著
Ａ５判・上製・272頁・定価3200円（税別）

交通／物流が大きく変化し、地域の諸相もこれをうけて激変の波に洗われようとしている。世界規模の規制緩和のなかで陸海空の枠が消滅、コンテナヤードも物流に呑み込まれた。本書はこれらの現場を各地にたずね、問題を明確化するとともに近未来を描き出し、併せて地域開発にも鋭く斬り込むことで流通を軸とした社会の変化を活写する。

「アロウの一般不可能性定理」批判と「複雑系」
大谷和　著
Ａ５判・上製・260頁・定価3200円（税別）

理性主義の極致たる「アロウの定理」、アロウの投票行動理論をはじめとする一般不可能性定理についての内的批判とこの定理への「複雑系」概念による展開を試み、社会的選択論および厚生経済学に重大な一石を投じる意欲作。

マルクス疎外論の諸相
田上孝一　著
Ａ５判・上製・256頁・定価3200円（税別）

マルクス主義哲学の理論的核心をなす疎外論を現代的に再構築、多面的な理論的可能性をさぐり、世上に流布する俗流解釈を徹底的に批判することで新たなマルクス再生の道を指し示す。

実践的「親学（おやがく）」へ
平塚儒子　監修／編
Ａ５判・並製・180頁・定価2500円（税別）

周囲が気づかぬままに進行するいじめやハラスメントは加害者／被害者ともに取り返しがつかないほど深刻な状態をもたらす。時として気づかずに相手を傷つけている悲劇から逃れるためにも、本書は私たちに大いなる教訓と対応を指し示している。いま、親として子どもにどう向き合うのか。中国での経験をも踏まえて、新しい回答を提示する。